Aproveitando Cada Minuto da Vida Após a Morte

Gordon Phinn

Aproveitando Cada Minuto da Vida Após a Morte

Como desfrutar a vida eterna

Tradução:
GILSON CÉSAR CARDOSO DE SOUSA

Editora
Pensamento
SÃO PAULO

Título original: *Eternal Life and how to enjoy it.*

Copyright © 2004 Gordon Phinn.

Publicado mediante acordo com Hampton Roads Publishing Co., Inc. Charlottesville, Virginia, USA.

Todos os direitos reservados. Nenhuma parte deste livro pode ser reproduzida ou usada de qualquer forma ou por qualquer meio, eletrônico ou mecânico, inclusive fotocópias, gravações ou sistema de armazenamento em banco de dados, sem permissão por escrito, exceto nos casos de trechos curtos citados em resenhas críticas ou artigos de revistas.

A Editora Pensamento-Cultrix Ltda. não se responsabiliza por eventuais mudanças ocorridas nos endereços convencionais ou eletrônicos citados neste livro.

Dados Internacionais de Catalogação na Publicação (CIP)
(Câmara Brasileira do Livro, SP, Brasil)

Phinn, Gordon
    Aproveitando cada minuto da vida após a morte : como desfrutar a vida eterna / Gordon Phinn ; tradução Gilson César Cardoso de Sousa. — São Paulo : Pensamento, 2009.

Título original: Eternal life and how to enjoy it : a first-hand account.
ISBN 978-85-315-1598-9

1. Espiritismo 2. Projeção astral 3. Vida eterna I. Título.

09-08856   CDD-133.93

Índices para catálogo sistemático:
1. Mensagens espíritas : Espiritismo 133.93

O primeiro número à esquerda indica a edição, ou reedição, desta obra. A primeira dezena à direita indica o ano em que esta edição, ou reedição, foi publicada.

Edição	Ano
1-2-3-4-5-6-7-8-9-10-11	09-10-11-12-13-14-15

Direitos de tradução para o Brasil
adquiridos com exclusividade pela
EDITORA PENSAMENTO-CULTRIX LTDA.
Rua Dr. Mário Vicente, 368 — 04270-000 — São Paulo, SP
Fone: 2066-9000 — Fax: 2066-9008
E-mail: pensamento@cultrix.com.br
http://www.pensamento-cultrix.com.br
que se reserva a propriedade literária desta tradução.

Prefácio

Por Henry

Convivi com Gordon por uns vinte anos, calendário da Terra. Encontrei-o pela primeira vez quando ele apareceu aqui acompanhado do pai recentemente falecido. O pai o trouxe a uma de minhas conferências e Gordon acabou ficando para me fazer algumas perguntas sobre o karma que, evidentemente, remoera durante um bom tempo.

Na conversa que se seguiu, fiquei impressionado com sua vontade de apurar as sutilezas da lei de causa e efeito, que em essência é multidimensional — isto é, opera concomitantemente em todas as direções. Lembro-me de que empreguei a surrada metáfora do "seixo atirado ao lago", mas dando ao lago a amplitude de uma esfera a mover-se no tempo, com as ondas avançando tridimensionalmente a partir do ponto de impacto. Mas então ele desapareceu de súbito, voltando ao mundo terreno, sem dúvida para aliviar uma bexiga cheia.

No encontro seguinte acertamos uma série intermitente de visitas instrutivas, durante as quais eu o colocaria a par dos métodos costumeiros de auxílio aos desencarnados.

Em nenhum momento o fiz afundar em águas revoltas, atravessar voando labaredas de incêndios florestais, combater demônios em esferas de formaspensamento, partir o pão com adeptos de religiões dos mais variados tipos e ser bondoso com estranhos mal-encarados.

Ele não é o meu único aluno — nem sequer o melhor —, mas, como escritor disposto a arriscar sua reputação literária apresentando-se como médium, achamos que era a pessoa ideal para essa tarefa.

Que tarefa?

Uma descrição fácil e acessível da vida nos planos espirituais, atualizando os testemunhos excessivamente religiosos do espiritualismo clássico e expandindo os relatos úteis, mas ainda fragmentários, da recente literatura sobre a experiência de quase morte (EQM) e a experiência fora do corpo (EFC).

Gordon está sentado aqui comigo durante esses últimos instantes, enquanto exprimo esses pensamentos. Ele ri discretamente, sabendo que terá de registrá-los depois, um por um. Envio as formas-pensamento em sua direção e elas ficam sobrevoando seu apartamento, à espera de serem captadas e entrarem na memória do seu velho computador.

De início, Gordon me diz que está se divertindo muito ao redigir o capítulo de abertura, "Morto Recente". Esteve trabalhando em outros capítulos, durante meses, perdendo e recuperando a confiança — mas sempre assaltado pela incômoda sensação de que faltava um começo, uma coisa singela e direta que as pessoas pudessem penetrar e admirar, como o saguão amplo de um hotel.

Então, certo dia, enquanto trabalhava, teve um vislumbre de como a coisa devia ser. Chegando em casa naquela noite, correu para examinar as imagens que eu projetara de minha transição. Ao contrário de Audrey, que você conhecerá mais tarde e a quem transmito palavras, a ele só transmiti imagens, basicamente para fazer um teste, mas também para lhe dar alguma liberdade de ação, pois, como escritor, ele precisa sentir que está contribuindo de maneira criativa.

Perguntei-lhe se contara aos amigos sobre o projeto. Parece que sim. A uns disse que o livro se relacionava ao filme *Ghost*. Explicou que se inspirara nele para reunir duas décadas de sonhos muito vívidos numa trama narrativa. Depois percebeu que precisaria de muita intuição para preencher as lacunas da memória. E se alguém preferisse chamar essa intuição de canalização... bem, não seria ele a interferir no livre-arbítrio dos outros.

A gota d'água, por assim dizer, foi aquela experiência fora do corpo durante a qual o escoltei pelos planos até os mundos informes de pura energia, onde ele pôde experimentar as vibrações mais elevadas a que tem acesso uma pessoa ainda encarnada. Rimos quando ele disse que seu eu terreno não sabia ao certo quem conduzira a viagem. E rimos porque sabemos como é difícil penetrar a consciência da experiência astral de alguém. O pobre coitado perambula por aí sabendo que algo aconteceu na noite anterior, mas não consegue se lembrar de nada. Queixa-se de que isso é uma enorme frustração. Só para ilustrar: ele irá passar a limpo o esboço sobre a viagem que rabiscou às cinco horas da matina!

Saio para essa tremenda viagem multidimensional com um sujeito chamado Manlow ou Manlove, o que me deixa completamente confuso. Ele faz parte de uma espécie de força aérea psíquica que se encarrega de conduzir as pessoas desejosas de empreender essas turnês.

Depois acho que estou inteirando as pessoas do fato e anotando detalhes, mas *tudo* não passa de um sonho. Levanto-me e escrevo, planejando ligar para SJ na Inglaterra.

As lembranças se desvanecem rapidamente, mas ainda estou naquela fase "acordado mas ainda sonhando", achando aquilo dez vezes mais alucinante do que uma viagem astral qualquer. Na verdade, tive muita sorte. O tal Manlove é uma mistura de James Dean e Jesus Cristo, um turista multidimensional muito maneiro.

Foi uma jornada curta mas espetacular, à maneira de Robert Monroe*, e não um simples passeio pelo bairro. Só queria que não tivesse apenas sonhado que estava tomando nota de tudo, pois na hora as lembranças eram mais vívidas. Agora estão se apagando depressa.

"Mas que diabo foi tudo isso?" (exclamou ele, perplexo).

Concordamos que esse seria um adendo interessante ao texto, embora não passe de uma aproximação do, digamos, arrebatamento original.

Ele me diz que quer incluir no livro algumas experiências de outras pessoas e menciona dois amigos recentes que agora estão recordando os trabalhos de resgate de almas que fizeram. Usam as fitas Hemi-Sync** preparadas por Robert Monroe e a área de recepção que ele popularizou com seu trabalho, conhecida pelos seus discípulos como "Parque". E esses são apenas os amigos mais recentes. Há também uma mulher da Inglaterra, que

---

* Pesquisador norte-americano que popularizou a expressão "experiências fora do corpo".
** Tecnologia que visa sincronizar os dois hemisférios cerebrais, ampliando a percepção e aumentando a concentração.

ele conheceu por coincidência (segundo diz rindo) e que se vale dos métodos desenvolvidos no Brasil.

Eu lhe disse: "Por que não?" A variedade só pode enriquecer. Pergunta-me se pode incluir as experiências de sua amiga inglesa com resgates de almas aprisionadas em instalações militares. Ela não se lembra muito bem das coisas, mas talvez tenha sido confundida por forças que quiseram enganá-la, pois sua bondade inata às vezes beira a ingenuidade.

Reconheço que as forças das trevas podem se valer de espionagem psíquica e formas variadas de magia negra, utilizadas por militares, mas lembrei-lhe que um coração puro inevitavelmente aumenta o nível de luz em qualquer atmosfera.

Depois lhe perguntei como ia seu trabalho noturno. Veja, o pobre sujeito negro morto num acidente de carro não para de se preocupar com os filhos e assim dificulta seu resgate. Quanto aos quatro traficantes de drogas, continuam naquele boteco do México, bebendo à própria saúde e comemorando sua fuga espetacular, embora seus corpos cravejados de balas estejam apodrecendo numa choça bem longe dali e as drogas se encontrem nas mãos de rivais. Ele bebeu com os traficantes algumas doses de formas-pensamento de tequila, mas eles não lhe deram a mínima. Na verdade, dois deles acabavam de partilhar a forma-pensamento de uma prostituta e pareciam encantados com o próprio desempenho. Conforme disse um: "Cara, se estou morto mesmo, como cometeria aqui o maior e mais insistente engano da minha vida?"

Peço a Gordon que não desanime. Ele ri e garante estar se divertindo muito, mas isso, de qualquer maneira, é o seu temperamento básico — que, obviamente, o torna adequado à posição. Corações moles não são bem-vindos aqui. O dramatismo convencional é só um fardo que atrapalha esse trabalho.

Primeira Parte

MORTO RECENTE

Um Contadorzinho Chato

Morri no início dos anos 1960, durante o curto espaço entre a crise dos mísseis de Cuba e o assassinato de Kennedy — naqueles dias prósperos da nossa comunidade que, com seus encantos e promessas, acabou sendo chamada, até pelos cínicos, de Camelot.

Indignado e desiludido com a traição de minha mulher com um antigo rival, fiz o que antes seria impensável: liguei para o trabalho dizendo que estava doente, entrei no carro e saí em uma viagem não programada de fim de semana pela Pensilvânia.

Ela me chamava de contadorzinho chato e, por Deus, estava certa! Mas na época eu não o admitia. Só depois de dois anos (calendário da Terra) no Céu é que consegui encarar essa verdade embaraçosa.

Naquele setembro ameno, no mais encantador dos Estados do nordeste, meti-me ao acaso pelas estradas, usando como mapa meu humor no momento. No segundo dia, com a tarde só começando a revelar suas intenções, bati de frente num Ford apinhado de adolescentes farristas.

Primeira Tentativa de Voo

Devem ter se passado alguns segundos, mas tudo o que eu percebia era que estava flutuando, perplexo e incrédulo, enquanto três dos adolescentes se arrastavam para fora dos destroços do carro. Crianças feridas, marcadas para sempre. A cena, tão cheia de angústia e sofrimento, levou-me às lágrimas, algo que não condizia com o caráter do velho Henry.

— Já estava na hora — disse uma voz à minha esquerda.

Virei-me e vi um sujeito de meia-idade, bem comum na aparência, em trajes de golfe. Parecia estar se divertindo.

— Pensei que você nunca iria chorar, sr. "Controlado".

Senti que ele estava caçoando de mim, mas não tinha certeza. E ainda não sabia por que cargas-d'água eu estava flutuando sobre o carro. Ainda assim, consegui reunir um restinho de humor.

— Tomarei isso como um cumprimento, se não se importa.

— Sinta-se em casa, Henry. Afinal, estive com você todos esses anos. — Acenou para o azul distante. — Vamos dar o fora daqui?

Vagar pelo espaço, acima dos campos e das árvores, parecia uma bobagem, mas mesmo assim intrigante. Encarei o homem mais demoradamente. Um jogador de golfe careca, sem taco: havia pelo menos uns dez daquele tipo no escritório. Loucos por golfe como os rapazes são loucos por garotas. Imitei seu aceno.

— Que tal lá embaixo?

— Está tudo bem. Logo vão cuidar dos garotos.

Baixei os olhos e vi duas mulheres magricelas flutuando sobre as ferragens. Enquanto observava, uma delas fez um movimento ondeante como a fumaça de um cachimbo, desapareceu entre os destroços e reapareceu segundos depois com um dos garotos, agora estranhamente vibrante. Virei-me para o golfista, que agora dava uma risadinha como um diretor de vendas meio pomposo, na reunião de fim de mês.

— Vocês são anjos da guarda?

— Digamos que sim. Tentamos ajudar quando precisam de nós.

— E agora você vai me levar para o Céu?

Ele tirou alguma coisa do bolso e a pôs na boca. Talvez uma bala. Não me ofereceu uma e imediatamente desejei que houvesse feito isso. Sempre gostei de balas e estava com a garganta seca.

— Bem, não se trata exatamente do Céu. É mais como uma semana preparatória na faculdade.

— Quer dizer, um monte de garotas e cerveja? — Para um morto, eu achava isso muito engraçado, mas o sujeito do golfe não pareceu se divertir nem um pouco.

— Há muitas garotas, mas pouca cerveja no lugar para onde vamos.

Estremeci à ideia da visão abstêmia do além, adotada rigidamente por meus pais puritanos; só uma parte da bagagem que eu deixara em casa décadas antes.

— E há golfe também, suponho.

Ele deu um risinho malicioso.

— Só nos níveis inferiores, receio.

Confuso, deixei que ele me levasse pela mão através do espaço, como num misterioso passeio de infância pelo shopping, na companhia da minha mãe. No princípio sobrevoamos a formosa Pensilvânia, mas logo tudo ficou embaçado, depois escuro e finalmente claro, muito claro.

Interior de Connecticut

Quando meus olhos se acostumaram à claridade, vi que caminhávamos por um pequeno parque no interior de Connecticut. Pelo menos era o que parecia.

— O lugar é mais ou menos assim — garantiu o jogador de golfe, como se lesse meus pensamentos. Assenti. Não havia motivo para discutir com ele. Continuamos a avançar lepidamente.

Avistei o que parecia uma família reunida num pátio adjacente ao parquinho. O homem que devia ser o pai olhou para cima e acenou, como se eu fosse um vizinho voltando de férias. A criançada corria por ali, aos berros. Estaquei: pirralhos barulhentos não são o meu forte.

— Todos eles morreram quando a casa pegou fogo, há três anos. Um curto-circuito, penso eu. Mas agora parecem muito felizes.

Ouvi a informação sem comentários. As casas, bem espaçadas pelos padrões de Connecticut, eram de estilo rural e impressionantemente grandes, como se os moradores tivessem feito, todos, o mesmo financiamento bancário, usando-o para construir mansões amplas o bastante para dar festas de casamento e com quintais capazes de abrigar uma loja de departamentos.

Vi patos nadando tranquilamente numa lagoa próxima e perguntei ao meu guia se podíamos nos sentar um pouco para admirá-los. Os bancos na margem eram muito velhos, com braços esculpidos como os de um museu.

— Claro, eles são mesmo bonitinhos, não? São de um lenhador que mora nas vizinhanças. Um dos passatempos dele.

— Você está lendo meus pensamentos, certo?

— Sim, estou. E estive lendo durante toda a sua vida.

— Tomando notas para o Dia do Juízo? — Pensei que isso seria engraçado na ocasião.

— De modo algum, Henry. Só para ajudar, se fosse o caso. Parte do nosso trato.

— E que trato é esse?

— O que você fez antes de nascer. Na verdade, um de muitos.

Olhei fixamente para os patos. Pareciam sábios como profetas. Ocorreu-me um pensamento: todos partilhamos a antiga sabedoria. Mas só muito depois descobri a fonte dessa transmissão telepática. E na hora certa, sem dúvida: antes, a revelação me teria deixado confuso. Virei-me para o golfista e tentei formular uma das inúmeras perguntas que me fervilhavam no cérebro.

— Quer dizer que eu já era uma pessoa antes de nascer?

— É claro.

— E você estava lá?

— Estava.

— E eu lhe pedi para ler meus pensamentos?

— Não, não exatamente. Os conselheiros me escolheram para ser seu espírito guardião e, quando você veio até mim com essa ideia, aceitei. Afinal, você me prestou bons serviços na França pré-revolucionária e na Virgínia após a Guerra Civil. Era o mínimo que eu podia fazer.

— Então eu lhe pedi para ser o meu anjo da guarda e você esteve flutuando à minha volta esses anos todos?

— Bem, de tempos em tempos. Quer uma bala?

— Achei que nunca iria perguntar.

Ele enfiou a mão no bolso e deu-me uma. Era, de longe, a melhor bala que eu jamais experimentara. Uma bala transcendental.

— Henry, não pense que eu interferia a todo instante. Não é assim que agimos. Ajudamos de vez em quando. Damos dicas para facilitar escolhas complicadas. E as dicas nem são tão importantes quanto o momento oportuno.

Mirei os patos, esperando não mais ouvir vozes dentro da minha cabeça. Meu guia não interrompeu esse instante meditativo, um pequeno favor pelo qual de início fiquei muito grato. Mas, decorridos alguns minutos, mudei de atitude.

— Talvez você queira explorar um pouco os arredores, hein? — Levantou-se para me encorajar e eu o segui.

Vagamos pelo parque e acabamos numa estradinha de terra ladeada de árvores frondosas. Uma rua suburbana coberta de folhas, sem concreto ou asfalto.

— Não precisa ser aqui — murmurou meu anfitrião. Fiz que entendia.

Devíamos ter passado por meia dúzia de casas suntuosas quando comecei a escutar algo que não era exatamente a brisa agitando os galhos. Alguns jardins botânicos apareceram à nossa esquerda. Pensei ouvir música e perguntei ao meu guia se podíamos entrar.

— Achei que nunca iria perguntar — riu ele.

Enveredamos por trilhas sinuosas, margeadas de elegantes canteiros de flores. Eram dispensáveis elogios. E que fragrâncias! Na ocasião eu fiquei impressionado. Hoje, diria: se minhas narinas fossem uma paleta, teria produzido uma verdadeira obra de arte.

Contornando uns volumosos arbustos floridos, cujos nomes ignoro, descobrimos a origem da música. Uma luminosa concha acústica, com um público de vinte ou trinta pessoas espalhadas pelo gramado à frente. No palco, uma orquestra de câmara tocava um octeto de Schubert.

Virei-me para meu anfitrião.

— Bem, agora sei que estou no Céu!

Ele deu uma risadinha.

— Nosso objetivo é agradar.

— Você sabia que eu gostava de Schubert, é claro.

— Decerto. Poderíamos ter ido a outro lugar para ouvir um concerto de cordas elizabetano ou um pouco de jazz autêntico. Mas eu tive um palpite de que esta seria a sua escolha.

Juntamo-nos ao público. Alguns rostos se voltaram, sorrindo. Aquilo parecia um piquenique: toalhas, cestas, maçãs mordidas.

Embora eu conhecesse bem a peça musical, pois a ouvira incontáveis vezes em recitais, deixei-me embalar pelas harmonias. No meio desse breve estado de bem-aventurança, um pensamento indesejado me ocorreu e perguntei a meu anfitrião:

— Há quanto tempo estou morto?

— Há uns quinze minutos, pelos meus cálculos.

Não posso, honestamente, afirmar que aquilo me surpreendeu muito. Gostaria que sim; fixar-me em outra coisa talvez tornasse tudo mais palatável. Como isso não era possível, deixei de lado a incredulidade e procurei desfrutar do instante.

Como achei que a estrutura da concha acústica projetasse uma iridescência natural, levei algum tempo para notar o espetáculo de cores criado pela música.

Fachos azuis, verdes, vermelhos e dourados se retorciam à volta, misturando-se uns com os outros e criando fantásticos padrões espiralados que mudavam a cada segundo, cada onda abstrata mais esplêndida que a anterior. Eu estava aturdido, perguntando-me quantos outros momentos preciosos ainda se iriam acumular em minha breve, mas trepidante existência *post-mortem*.

(Embora a evolução da tecnologia a *laser* na Terra tenha maravilhado o público em concertos mais recentes, a própria natureza do plano físico não permite a expressão simultânea de som e luz, característica da experiência astral. Mas, é claro, eu não tinha nenhuma noção disso no dia em que morri.)

Em meio ao espetáculo, ocorreu-me de súbito que talvez, no fim das contas, eu estivesse apenas sonhando — e deveria tomar notas daquelas maravilhas para evocá-las de manhã.

— Não se preocupe — sussurrou meu guia —, todos sentem a mesma coisa no começo. Talvez isso pareça bom demais para ser verdade, mas, garanto-lhe, você poderá voltar aqui quantas vezes quiser, depois de se instalar.

A música de Schubert cessou; a multidão aplaudiu em peso, sorrindo. Enquanto os intérpretes preparavam outra peça, que de algum modo eu sabia ser de Mozart, levantamo-nos e saímos.

Enquanto passava pela pequena multidão, não pude deixar de notar como eram bonitas as mulheres. Antes de concluir nossa escapada silenciosa, acho que me apaixonei umas quatro vezes. Meu guia teve a discrição de nada comentar.

Perguntou-me se eu queria ir à casa de hóspedes. Por que não?

— É lá que instalam todas as pessoas mortas?

— Você já começa a perceber as coisas, Henry. Vejamos, quer um banho de hidromassagem ou uma chuveirada simples?

Isso aconteceu antes das Jacuzzis, de modo que o que entendi foi: "Quer dizer então que tenho escolha?"

— Bem, isso depende de quantas pessoas faleceram nos dois últimos dias. Se houve um acidente de trem ou de barco, você está em apuros. Poderá, é claro, dormir no jardim, onde faz calor.

— E os mosquitos?

— Não há nenhum, pelo menos aqui. Eles têm sua própria esfera.

Não dei muita atenção a essa última observação, mesmo porque já nos aproximávamos de uma mansão erguida num terreno imenso. Uma fazenda, na verdade. Por um momento, achei que meu guia se enganara. E, como sempre, ele adivinhou meu pensamento.

— Se preferir, há o motel Sunset. Um lugar mais igualitário, digamos assim, nos limites da cidade. Já sabe, decoração cafona, móveis capengas e um casal de fumantes inveterados, Fred e Edna, que o farão se sentir em casa.

Resmunguei alguma coisa e continuei andando.

A Casa de Hóspedes

O interior era o que meus pais chamariam de exuberante, mas eu o achei mais acolhedor que ostentoso. Refinamento sem pretensão; atividade sem bagunça.

Um modelo de recepcionista elegante, chamada Phoebe, logo se encarregou de meu destino imediato. Jack (era assim que chamava meu guia) despediu-se prometendo me apanhar mais tarde para um passeio ao ar livre. Agradeci-lhe a boa vontade. Não acreditei em quase nada do que Jack disse; mas a vida, essa lembrança agora em rápido processo de extinção, me ensinara que cortesia não faz mal nenhum. Sejamos francos, eu agia como um agnóstico ansioso que reza para São Pedro, pois nunca se sabe. Phoebe garantiu que eu estava com sorte: como não houvera muitas "transições" (chamava-as assim), muitas suítes estavam vagas, todas com uma vista magnífica. Se eu quisesse segui-la, ela me mostraria. Muito curioso, dei-lhe trela. As transições em massa, explicou Phoebe, eram um desafio. Algumas pessoas precisam de hospitalização, já que sua firme confiança no ofício médico pode ser usada eficazmente para "reequilibrá-las" (era o termo que usava). Poucos chegavam como eu, passando com desenvoltura da irritação ao bom humor. Tomei suas palavras ao pé da letra.

Visitamos vários quartos, cada qual decorado com muita criatividade. Escolhi o que tinha o papel de parede mais calmante. Sim, achava que devia me acalmar. Enquanto examinava a vista maravilhosa — um vasto prado descendo para uma sucessão de lagoas cobertas de flores aquáticas, numa das quais flutuava uma família de cisnes —, Phoebe perguntou-me o que eu achara de Jack.

Respondi que aqueles trajes de golfe me intrigavam. Aparentemente, o homem gostava de roupas esportivas, mas vestia qualquer uma para acompanhar as pessoas.

— Quer dizer que ele não é apenas o meu anjo da guarda?

— Ah, não, ele se encarrega de muitas transições. É um dos seus trabalhos favoritos, pois assim tem infinitas possibilidades de caçoar dos outros. Agora mesmo deve estar por aí vestido de rabino junto a algum judeu enfartado ou bancando um herói do beisebol para agradar a um adolescente suicida. Sua interpretação de Roosevelt é impagável.

Pensei que ela quisera dizer Franklin e, subitamente, comecei a me preocupar com a segurança nacional.

— Tais coisas são permitidas?

— Ora, é tudo por uma boa causa, ninguém se importa. Há algumas roupas no armário. Umas duas mudas, se achar necessário, mas acho que preferirá um traje esporte, mais adequado por aqui. Há um barzinho no térreo, ao lado do saguão, caso queira conversar e se descontrair. Mas não seria melhor uma soneca primeiro? Você já passou por muita coisa hoje.

— Sem dúvida.

Eu queria marcar um encontro com ela, mas essa era uma ideia tão absurda que me contentei em agradecer-lhe os graciosos préstimos. Phoebe assegurou-me que fora um prazer, que nunca se cansava de acomodar pessoas.

Ao chegar à porta, voltou-se.

— Ah, ia me esquecendo. Há um recado para você na recepção. O cavalheiro disse que foi seu avô.

Tentei não fazer uma careta para não estragar o dia dela. Aquele velhote fofoqueiro era a última pessoa que eu gostaria de ver.

A alegria confusa que senti uma vez sozinho no quarto ainda é difícil de descrever. Embora houvesse lido um ou dois livros espiritualistas quando estava na faculdade, achara-os chatos e sentimentais, intragáveis para meu gosto, e por isso esquecera suas descrições da bem-aventurança após a morte.

Eles insistiam em que o além era para todos, não só para alguns ratos de sacristia. Mas, no fim, restava a impressão de que o Céu estava reservado apenas para os bonzinhos. O Céu não parecia um lugar onde se pudesse ouvir Charlie Parker tocando para um público de adolescentes drogados.

E, como àquela altura Bird era meu herói de todas as horas, eu não imaginava estar sem ele em lugar nenhum.

Sim, quase esquecera minhas raízes no jazz em prol de clássicos mais aceitáveis, mas nem assim conseguia imaginar o Céu tal qual me era descrito. Como poderiam as pessoas ser eternamente felizes? Bem, Phoebe parecia se sentir assim. Talvez todos se sentissem. Eu logo saberia. Mas suspeitava que talvez um pouco de farsa e conversa fiada maquiasse até certo ponto as coisas.

Os Mortos Sonham?

Por fim, atendendo tanto a uma forte curiosidade quanto à sugestão de Phoebe, estirei-me na cama. Sentia-me quase assustadoramente à vontade. E também um pouquinho ansioso. Um resto de convencionalismo me fez levantar para tirar a roupa. Para mim, dobrar cuidadosamente as roupas era uma segunda natureza e eu não iria mudar agora.

Sob os lençóis impecavelmente macios e frescos, surpreendi-me a indagar se as pessoas mortas sonham. A existência dos sonhos prova alguma coisa? Talvez eu estivesse agora sonhando. Talvez — apenas talvez —, se adormecesse, fosse acordar de novo para minha vida anterior. Tudo isso parece loucura hoje, mas na ocasião achei que era um bom plano.

Decerto, perder a consciência não foi nada difícil. Dormi como um bebê, sem saber por quanto tempo. Lembro-me apenas de que vagava em meio às sombras, tranquilo, e depois recuperei sem problemas a luz dos meus olhos bem abertos.

Lá fiquei estirado, com uma deliciosa sensação de descanso, mas tentando puxar pela memória à cata de algum vestígio do sonho: nada, porém, aflorou à superfície. Relutantemente, lavei-me e vesti-me como para um dia normal. Prestei bastante atenção a meus movimentos. Afinal, era a minha primeira manhã como morto e talvez fosse necessária alguma prática para desenvolver novos hábitos. Plantei-me à janela, diante do panorama maravilhoso, envolto no frescor da manhã: não havia ninguém por ali. Até os cisnes tinham sumido.

Um Rosto do Passado

Mirei a porta do quarto, percebendo que teria de abri-la mais cedo ou mais tarde. Isso me fez lembrar o personagem Rip Van Winkle, que cochilou à sombra de uma árvore e acordou vinte anos depois, mas esses devaneios foram interrompidos por uma batida na porta.

Pensando tratar-se de uma arrumadeira em seu turno, mandei entrar. Mas era meu velho colega de quarto na universidade, Ben, tão parecido com o que fora que, de momento, hesitei quanto à minha sanidade mental.

— Meu Deus, o que é que você está fazendo aqui, Ben?!

Ele se aproximou, sorrindo.

— Ora, vim apenas dar um alô. Como está se sentindo?

Apertamos as mãos vigorosamente, como antes.

— Melhor, impossível. A morte é, de fato, um ótimo tônico.

— Pois não é? Eu parecia uma pluma quando desencarnei.

— O coração finalmente pifou?

— Sim. Era inevitável, realmente. Tive sorte em viver 32 anos naquela condição. Graças a Deus não me casei.

— Não perdeu muita coisa. No meu caso foram seis meses de amor verdadeiro, seguidos de cinco anos de brigas.

— Lamento ouvir isso.

— Não lamente. Já passou e estou aliviado. E começo a perceber que a morte é bem mais fácil que o divórcio. Diga-me, há quanto tempo está morto?

— Há mais ou menos um ano, pelo calendário da Terra. Mas olhe, parece que só vim para cá há poucas semanas!

— É mesmo?

— Sim. As coisas são tão divertidas por aqui que o tempo voa.

De repente, perguntei-me como ele sabia que eu viera. Talvez Jack, meu amigo golfista e ajudante geral, fora dar-lhe a notícia, pois o abismo entre mim e meus avós aumentaria minha inquietação em vez de aliviá-la. E, como esse arranjo não era mais miraculoso que qualquer outra coisa ocorrida até então, aceitei-o imediatamente.

Acolhi com muito gosto o convite de Ben para um passeio nos arredores. Depois de um café da manhã digno de um rei, que devorei enquanto Ben apenas petiscava, saímos.

O dia foi absolutamente perfeito. Eu poderia escrever um livro a respeito. Talvez ainda o faça. Passear, nadar, velejar, conversar. Um giro pelo centro da comunidade: prefeitura, escola, creche, dois teatros, lojas de artesanato e roupas, cafeterias — mas nenhum quartel de bombeiros. Não havia necessidade, garantiu-me Ben, tanto que alguns desses lugares foram transformados em museus. As pessoas que perambulavam pela cidade pareciam alegres e comunicativas. O clima era de férias. Copinhos de sorvete estavam por todos os lados.

Um incidente me chamou a atenção. Sentado numa cafeteria, bebericando um café tão gostoso que me perguntei se não fora preparado por anjos, avistei uma mulher do meu antigo bairro, passando por ali. Espantado, gritei-lhe o nome. Mal nos conhecêramos na Terra, apenas nos cumprimentávamos na ida e na volta do trabalho, mas ela se mostrou muito feliz por me ver, dizendo que não havia mais ninguém de nossa cidade no local. Trocamos cumprimentos e gracejos enquanto Ben, educadamente, nos deixava tagarelar à vontade.

Embora fôssemos recém-chegados, ela me precedendo em apenas oito dias, nossa situação era bem diferente sob outros aspectos. Ela deixara sua família para trás, dois filhos já grandes e o marido, enquanto eu via o rompimento dos meus laços familiares com alívio.

Quando perguntei como ela suportava aquilo, respondeu que seu guia lhe ensinara bondosamente como se aproximar da Terra durante o sono dos familiares e se comunicar com eles logo que abandonavam o corpo. Fiquei intrigado: aquilo era novo para mim. Ben disse que me explicaria depois.

Marcie disse que a esperavam no trabalho e, a seu convite, nós a acompanhamos a uma encantadora lojinha muito movimentada, mas onde nenhum dinheiro passava de mão em mão. Ali o dinheiro era supérfluo, disseram-me, os artesãos se contentavam em ver suas obras distribuídas. E, é claro, os mortos recentes, acostumados ao velho sistema, gostavam muito de levar alguma coisa de graça.

Informada de que eu ainda estava na casa de hóspedes, Marcie me convidou para visitar a sua, quando quisesse. Ela estava em pleno processo de redecoração e aceitaria sugestões de bom grado, pois o último morador tinha um gosto muito diferente. Aceitei com prazer o convite e decidimos que eu iria até a loja quando estivesse pronto.

O encanto especial desse encontro foi sintomático do tipo de interação social que vivenciei ao chegar, embora admita ter levado algum tempo para percebê-lo.

Eu pensava que havia coisas mais importantes a fazer no Céu do que lidar com tintas e papéis de parede; mas, no astral médio (como passei a chamá-lo mais tarde), almas ainda incapazes de encarar o fardo da imortalidade e da eternidade muitas vezes recorrem, com alívio, a esse expediente. Depois das lutas sem fim na Terra, muitos ficam felizes em apenas mergulhar na bem-aventurança geral.

O Chamado

Por volta do que me pareceu a chegada da noite, comecei a ficar inquieto. Ignorava, porém, o motivo. Ben me perguntou se eu tinha a sensação de estar sendo chamado. Respondi que alguma coisa muito poderosa me incomodava, mas não saberia dizer o quê. Ele me levou para um banco afastado em outro parque e explicou que as emoções intensas dos meus conhecidos na Terra estavam me atraindo como um ímã. Disse que o melhor era eu não resistir nem me preocupar, pois ele estaria sempre comigo.

Num piscar de olhos, vi-me num quarto estranho. Minha esposa, Veronica, estava sob as cobertas com Reid, meu antigo rival. Aquele triângulo amoroso era angustiante, mas eu não tinha a mínima ideia do que fazer. Suor, sexo, dor e consolo pareciam ser os elementos principais.

Veronica estava certamente abalada, mas sua tristeza vinha da culpa e não do amor. Nenhuma surpresa: brigamos durante anos e essa não era a primeira vez que ela caía nos braços de Reid. O que me chocou foi o modo como eu podia sentir-lhe as emoções diretamente, como se eu estivesse conectado ao seu coração. Muito inquietante para um sujeito frio como eu.

Então, dei comigo na casa dos meus pais. Mamãe estava de pé em meu antigo quarto, soluçando baixinho. Papai, no térreo, falava ao telefone. De novo eu o apanhava na hora errada. Por que eu não esperara mais um mês, quando a filial de Londres estivesse em ordem?

Súbito, outra mudança. Agora me encontrava no escritório, no corredor para o refeitório. Duas mulheres choravam, abraçadas. Uma era a minha secretária, Elaine. Parecia terrivelmente abatida e eu não sabia por quê. Ela sempre fora tranquila e eficiente. Então, percebi que chorava por mim.

Amara-me em segredo e eu nunca soube disso. Foi o que ela disse a Lucille, portanto não se tratava da minha imaginação.

De novo as emoções me acometeram e senti-me muitíssimo agitado. Ben nunca estaria por perto quando eu precisasse dele? Mas não, estava bem ali ao meu lado.

Ele disse:

— É duro, Henry, sei disso. Mas confie em mim, vai passar. É comum que todos façam confissões nos funerais.

Olhei para ele, sem reagir. Ben pôs a mão no meu ombro.

— Seja forte, meu velho amigo!

Pobre Elaine, eu sentia muito por ela. Estivera casada durante todo o tempo em que a conheci, mas era um relacionamento frio e sem amor, segundo me parecia às vezes. Não suportei mais e fomos embora.

Eu disse "fomos embora", mas na verdade apenas reaparecemos no banco do parque. Era como se eu houvesse cochilado e sonhado.

— Caramba — desabafei —, isso foi pior que morrer!

Ele sorriu.

— Foi mesmo, e conheço muita gente que concordaria com você. A transição, de vez em quando, é surpreendentemente fácil, tão fácil que alguns não aceitam ter morrido. Tentamos convencê-los de uma maneira ou de outra, mas nossos esforços nem sempre surtem efeito até eles serem atraídos por seus parentes de luto.

Sacudi a cabeça e olhei à volta: árvores e arbustos floresciam.

— Henry, se está achando isso muito complicado para ser absorvido de uma só vez, não se preocupe. Acontece com quase todo mundo. Muitos entram em desespero e se isolam completamente.

— E depois?

— Há casas de repouso reservadas especialmente para eles. Dois ou três dias de sono, mais uma terapia de cor e som, em geral bastam para trazê-los de volta.

Terapia de cor e som, outro mistério! Perguntei se poderia ver como isso funcionava. Talvez sim, foi a resposta, com um pouco de sorte, teria uma amostra do tratamento. Confessei estar curioso.

Voltamos à casa de hóspedes: Phoebe estava na recepção. Sentia-me angustiado. Infelizmente, ela não poderia tomar uns drinques conosco e riu quando lhe revelei que "eu estava de crista caída".

Ben trouxe duas cervejas do bar. A minha tinha um sabor maravilhoso. Observei o cenário à nossa volta: aquilo poderia ser o saguão de um hotel em qualquer parte da América do Norte. Pessoas descontraídas papagueavam e riam. Era incrivelmente difícil acreditar que estivessem todas mortas.

Ben disse:

— Sim, sei como é. Esses caras parecem inacreditavelmente vivos, a ponto de você se perguntar se não está sendo vítima de uma farsa.

Concordei.

— Acredite, temos aqui alguns religiosos que pensam exatamente assim. Procuram nos convencer de que é coisa do demônio. Nem lhe digo quantas vezes me chamaram de tentação. "Sai, Capeta!", e por aí vai.

— E o que você faz com eles?

— Há comunidades cristãs e muçulmanas aqui perto. Ah, e também judaicas e hindus. Acho que todas as grandes seitas estão aqui mais ou menos bem representadas. Enviamos uma mensagem telepática, um comitê de recepção aparece e leva-os para casa. Os emissários procuram, é claro, cultivar uma aparência angélica. Meu Deus, como são divertidos às vezes!

— E os recém-chegados os acompanham assim, sem mais nem menos?

— Já viu um bom católico dizer "não" ao padre de sua paróquia?

— Nunca, eu acho.

Jack, meu amigo golfista, apareceu nesse instante, dando-me palmadinhas amigáveis no ombro.

— E então, como vamos, Henry? Já se enturmou?

Tive a nítida impressão de que ele queria me gozar, por isso evitei morder a isca e declarei que estava me saindo melhor do que imaginava. Ele se acomodou ao nosso lado e iniciou uma conversa com Ben, sobre assuntos que eu estava totalmente por fora. Pareceu-me que aquilo também era para provocar alguma reação em mim.

Ele se voltou de súbito e disse-me:

— E então, Henry, já teve a sensação de estar sendo chamado?

— Sim, infelizmente. Dez vezes pior do que morrer. Ah, se as pessoas soubessem como é...

Jack riu com gosto.

— E eu aposto que você resistiu com bravura. O velho durão de sempre, não é?

Fiz uma careta.

— Não, Jack, não vou morder a isca, por mais que você tente.

— Esse é o meu garoto! Nunca dá o braço a torcer, hein? Mas queira me desculpar, vou buscar uma bebida enquanto Ben fala um pouco sobre seu funeral.

Aparentemente, eu devia ir ao meu próprio enterro. Segundo Ben, não havia com que me preocupar, todos faziam o mesmo ali e até disputavam quem teria mais convidados e coroas de flores. Eu não poderia, disse ele, desobedecer ao chamado: muitas pessoas estavam pensando em mim. Resistir não ia adiantar muito. E, além disso, a coisa fazia muito bem a certas pessoas. Às que queriam negar sua situação atual. Ver-se no caixão, cercada de gente chorando, às vezes operava maravilhas.

Digo com franqueza: a perspectiva não me atraía em nada. O primeiro chamado já fora suficientemente ruim. Estava muito bem, obrigado, naquela adorável casa de hóspedes. E tinha de estar mesmo, acrescentou Jack, de copo na mão, pois era o melhor lugar. Aliás, eu lhe devia ser grato por ter me levado para lá.

Ali ficamos sentados e conversando até que alguém falou em comida. Estaria eu com fome? Tinha de pensar nisso. Mas, por que não? Levaram-me à sala de refeições. Grandes mesas de banquete estavam atulhadas de iguarias, principalmente saladas, queijos, pães e frutas.

Ben aconselhou-me a pegar o que quisesse, sem frescuras. Jack, no entanto, só petiscou. Disse que perdemos quase todo o apetite depois de viver alguns anos na condição de espíritos. Comer é uma espécie de hábito que se perde com o tempo. "Apenas outro desejo saciado", riu ele. Já Ben se atirou vorazmente a uma salada de aparência exótica. Confessou que sentia seu apetite desvanecer-se aos poucos, mas ainda se permitia alguns pequenos prazeres.

Mas não me disseram que o alimento desaparece quando paramos de pensar nele. Sim, degustamos, mastigamos e engolimos — mas não há digestão nem defecação. E não disseram nada porque eu não estava preparado para a notícia. Os recém-chegados quase nunca estão.

Embora eu levasse algum tempo para perceber, todos ali me papáricavam como a um bebê. E bebês é o que somos, recém-nascidos numa nova terra. A morte aí é o nascimento aqui, o nascimento aqui é a morte aí.

Atendendo a uma sugestão de Ben, fomos a um teatro local. Para meu grande alívio, Jack se desculpou dizendo que já tinha compromisso, mas insistiu em recomendar que eu aproveitasse meu funeral, sem poupar despesas. Rangi os dentes e sorri.

Em vista da atmosfera interiorana da cidade, eu esperava um teatrinho amador, mas fui agradavelmente surpreendido por uma boa e eficiente encenação de *Blithe Spirit*, de Noel Coward. Seu encanto e jovialidade eram justamente o tipo de alívio que eu esperava ante a perspectiva do funeral.

Mais tarde, no saguão, as pessoas eram como quaisquer outras à saída do teatro, trocando piadinhas e risos.

— Sim — disse Ben enquanto atravessávamos a multidão —, é mesmo muito difícil acreditar que todas essas pessoas estejam mortas. Você esperava que parecessem tristes, pensativas ou talvez melancólicas?

— Sem dúvida.

— Bem, para ser franco, isso às vezes acontece, mas não aqui. Quando você estiver mais adaptado, alguém, talvez eu mesmo, o leve para conhecer outros níveis. Sempre há gente como você, que se adapta facilmente e cuja exuberância natural logo chega ao clímax. Para pessoas assim é que lugares como este foram feitos.

— E você, onde desencarnou?

— Ah, perto daqui, em certo sentido. Eu estava na Costa Oeste, no norte da Califórnia, quando realizei a passagem; mas, doente do coração há muito tempo, não fiquei muito chocado e na verdade até fiquei feliz por me livrar das minhas amarras. É cansativo estar sempre se poupando e evitando tarefas pesadas. No fim, você até anseia secretamente por um pouco de excitação. De qualquer modo, meu entusiasmo por ter ficado livre de repente foi o tipo de alegria intensa que se experimenta por aqui, embora o local fosse uma versão deste na Costa Oeste. Belas florestas a perder de vista.

— E se você tivesse morrido no Arizona, haveria muito calor e poeira?

— Certamente, a paisagem seria a mesma, mas não o calor. Neste nível a temperatura é sempre amena.

Isso me deu o que pensar quando me recolhi. Não é que estivesse escuro. Por aqui, ao que se vê, não escurece nunca. Ben sugeriu que eu fechasse as cortinas se tivesse dificuldade para dormir. Respondi que não era o caso, mas ainda assim o faria.

A trama requintada da cortina era tão bela que fiquei a contemplá-la por vários minutos, antes de fechá-la. O tecido grosso não permitia a passagem da luz e logo uma penumbra aconchegante se instalou no recinto. Dobrei minhas roupas, lavei o rosto e fui para a cama, sem saber ainda ao certo se aquilo era o começo ou o fim de um sonho.

Segunda Parte

"UM DIA SEGUINTE SEM FIM"

Um Sorriso Suicida

Abri os olhos depois do que me pareceram horas. Bem, o quarto continuava lá, em toda a sua calma sedativa e tranquilizadora. Uma quietude branda dominava o ambiente, sem ruídos irritantes: o tipo de acomodação cinco estrelas, a meu ver. Confortavelmente imóvel, observei o teto cor de creme, imaginando quais aventuras estariam à minha espera. Ben prometera telefonar cedo, mas recomendando que eu ficasse à vontade, pois não queria atrapalhar. A companhia dele me agradara e sem dúvida continuaria me agradando; entretanto, a excitação por ter me livrado do emprego e da esposa estava consumindo toda lealdade temporária surgida com a minha transição. Visões de Veronica, Reid e Elaine afluíram, mas eu logo as deixei de lado para retomar meus prazeres egoísticos. Quem podia dizer por quanto tempo isso ainda me seria possível?

Um banho demorado de chuveiro, seguido de uma corrida excitada ao refeitório, foram todos os meus conflitos íntimos do momento. Aquela calma interior parecia prenunciar experiências trepidantes. Cumprimentei alguns hóspedes no corredor.

— Diga-me, você também está morto? Olá, sou Henry e cheguei ontem.

Ambos sorriram. Dale e Marg, no local já há duas semanas, partiriam a qualquer momento. Vagara uma casa nas imediações e eles a solicitaram pelos canais costumeiros.

— Mas você, Henry, deve ficar aqui pelo tempo que puder! — brincou Dale.

— Sim, é um lugar maravilhoso — disse Marg. — E nós ficaríamos também se não houvéssemos encontrado aquela casinha adorável. Tão bonita que não podemos deixar escapar a oportunidade.

Falei com entusiasmo sobre a morte e eles concordaram. Foi certamente o momento mais alegre de suas vidas — e isso para quem visitara as Bermudas e Cuba antes da revolução! Fomos tomar nosso café da manhã, agora novos e bons amigos. Eu deveria visitá-los logo que se mudassem.

— Você vai gostar muito das coisas por aqui. É esperar para ver — garantiu-me Marg.

Respondi-lhe que sem dúvida eu também seria muito feliz. O refeitório estava tão luminoso e alegre como na noite anterior. Sentamo-nos a uma mesa de frente para uma ampla janela e, com café, suco de laranja e bolinhos à vontade, fomos devorando as vidas e preocupações uns dos outros.

Dale e Marg não tinham filhos, desgosto que com o tempo se transformou em aceitação. Agora que estavam aqui, esse era um motivo a menos de aflição. Além do mais, ambos tinham pais idosos, cujo susto e tristeza ainda os inquietavam.

— Disseram que isso passaria depois do funeral, mas acho que ainda é cedo — confidenciou Dale.

— Oh, querido, não aborreça o Henry com essa conversa!

Garanti a Marg que não era aborrecimento nenhum, que tudo neste novo mundo me fascinava. E fascinava mesmo, eu não mentia. Perguntei como haviam morrido. Dale se afogara nas férias, por causa de uma tempestade súbita durante uma pescaria, a primeira de sua vida. Marg ficara no hotel por causa de uma dor de cabeça e acabou se suicidando três dias depois de sepultar o marido.

— Não conseguia imaginar a vida sem ele, por isso enfiei a cabeça no forno. Meus amigos da igreja devem ter ficado surpresos!

Um sorriso largo de suicida, também o primeiro que eu via.

Dale fez uma careta.

— Foi culpa minha. Eu vivia atrás de Marg como um cachorrinho perdido, acompanhando-a aonde quer que ela fosse. Por quatro dias eu não via nem mesmo o meu socorrista. Acho que nunca mais vou pescar.

Dale fora farmacêutico; Marg, consultora de beleza. Cada qual frequentava a sua própria igreja.

— Em nossa cidade, essa não era uma boa ideia, mas mesmo assim foi o que fizemos. Creio que gostávamos de ser diferentes, nada mais.

Nenhum dos dois se preocupava muito com a vida depois da morte; isso era algo que estaria à sua espera em algum lugar, no além. Dale passara mais tempo investigando quem seriam os homenzinhos verdes dos discos voadores e de onde, com os diabos, eles viriam. Isso ele ainda não sabia e ninguém no local lhe dera a menor pista; mas Dale tinha certeza de que aqui alguém deveria saber. Marg não se ocupava do assunto, embora admitisse que, com tantos planetas girando pelo espaço, algum provavelmente seria habitado. Deus os criara para deixá-los vazios? Não fazia sentido, ao menos para ela. Disseram-lhes que havia toda uma variedade de igrejas na vizinhança e, assim que se instalassem, iriam conhecer algumas.

Confiei-lhes alguns dos meus segredinhos e tragédias, e nos consolamos ao estilo clássico, como acontece entre novos amigos. Limitei-me aos meus pais, como se o caso Veronica-Reid pudesse ser demais para eles. Dale compreendeu; seu pai também era uma criatura exigente e, decerto, não se orgulhava nada de sua carreira de farmacêutico. Médico seria melhor, mas para isso Dale não tinha nem vocação nem talento. Marg assegurou que tudo aquilo fora muitíssimo engraçado, pois sua mãe sempre quisera que ela se casasse com um doutor; infelizmente, os dois rapazes da cidade que tinham ido para a faculdade de Medicina casaram-se por lá mesmo, deixando seus conterrâneos nervosos. Marg, porém, não se incomodou: saíra com um deles e o sujeito se mostrara tão cheio de si a noite inteira que ela quase lhe atirou sua torta de creme na cabeça. Além disso, depois de conhecer Dale no casamento de um primo, apaixonara-se à primeira vista. Dale riu e disse que tentou resistir, mas acabou cedendo aos encantos da jovem. A mãe dele quase enlouquecera ao saber que o filho pretendia se casar com uma garota cuja maior ambição na vida era ser uma boa cabeleireira. Para Dale, contudo, ela tinha as qualidades que realmente importavam.

Voltando à mesa repleta de ovos mexidos e frutas frescas, comecei a contar a história de Veronica, isto é, a primeira parte romântica. Graças a Deus fui interrompido pela chegada de Constance, que parecia ser uma espécie de corretora de imóveis do além e era tão bonita quanto todas as outras jovens do lugar. Ela logo arrastou aqueles ansiosos compradores de primeira viagem para a casa dos seus sonhos, no fundo do vale. Dale prometeu que voltariam mais tarde e Marg me beijou o rosto carinhosamente. Mas Constance apenas sorriu e me apertou a mão.

O Fator Phoebe

Eu me deliciava com o sabor incrível dos abacaxis que serviam ali quando uma voz agradável soou ao meu lado:

— E então, Henry, como está se sentindo hoje?

Ergui os olhos e me deparei com a encantadora Phoebe. Fiquei muito feliz ao vê-la, mas ainda assim me contive, por educação. Um ianque típico.

Phoebe sentou-se ao meu lado na mesa, já com um copo de suco de laranja na mão. Teria gostado de acariciar-lhe a ponta dos dedos e pedir que colocasse cachos de uva em minha boca; mas, sempre cavalheiro, fiquei de bico calado.

— Por favor, não me diga que o chato do meu avô veio me procurar de novo. Isso estragaria tudo.

— Não, não veio. Mas nada de pânico, ele só aparecerá se você quiser vê-lo.

— Como assim?

— É dessa maneira que as coisas funcionam por aqui.

— Tomara que você esteja certa!

— Estou sim, fique descansado.

Se eu mencionasse o sorriso radiante e os olhos luminosos de Phoebe, pareceria tolo e infantil. E era assim mesmo que me sentia. Se ela me dissesse que Deus estava na sala ao lado dando autógrafos antes de partir para Alfa do Centauro, eu acreditaria. Mas ela só me perguntou o que eu gostaria de fazer. Sem mais atentar para minhas dúvidas e ansiedades, disparei: "Acampar nas montanhas."

Por que eu queria deixar o quarto mais aconchegante do universo conhecido e ir me embrenhar no mato, isso não estava claro no momento, mas sem dúvida o fator Phoebe tinha algo a ver com o caso. Agora sei que só desejava sair e me isolar. Phoebe, com muita calma, disse que não haveria problema, mas que o chamado do meu funeral provavelmente me alcançaria onde eu estivesse.

— Não fique tão encucado, Henry. Isso passará, como tudo o mais.

— Pareço tão mal assim?

— Não, não. Mas posso sentir o que se passa com você. Não reparou ainda como sua percepção ficou mais aguçada aqui?

Eu não quis mencionar os patos e apenas sacudi a cabeça, grunhindo um "humm". Perguntei onde estava a família dela.

— Oh, ainda na Terra!

— Até seus avós?

— Sim. Como vê, efetuei a passagem muito nova. Não se lamente por mim, tenho muitos amigos aqui e eles são mais minha família do que minha própria família.

Só algum tempo depois descobri como isso era verdadeiro. Na hora, apenas suprimi minhas simpatias convencionais em favor da sabedoria obviamente mais profunda de Phoebe.

Depois do que me pareceu um lapso de vinte minutos, achamo-nos numa loja de artigos de camping nos abastecendo. O balconista era um típico andarilho do interior que mal conseguia controlar o entusiasmo. Acatei seus conselhos e ouvi suas histórias, imaginando o tempo todo como o ambiente seria silencioso nas montanhas. Phoebe, ao lado, sorria e parecia conhecer todos os passantes. Sua cidade natal, pensei. Phil me entregou uma mochila que, a bem dizer, desafiava a gravidade. Durante uma hora a enchemos dos itens de que necessitávamos e ela ainda parecia um saco de penas. As coisas, lá dentro, ficavam comprimidas e menores.

Do lado de fora da loja, numa rua tão pitoresca e antiga que não deveriam restar por ali muitas oportunidades de investimento, Phoebe perguntou se eu queria ir de ônibus. Respondi que sim. Andamos alguns quarteirões e foi então que notei quantos negros havia no local. Phoebe explicou, com simplicidade: "Oh, aqui todos estamos perfeitamente integrados!" Desconfiei daquilo, mas não disse nada.

Perguntei sobre aqueles que talvez não concordassem com essa situação. Phoebe explicou que havia comunidades exclusivas para quem o desejasse. E também igrejas. As pessoas se sentiam atraídas pelo lugar que mais lhes convinha e, se depois mudassem de ideia, poderiam facilmente fazer as malas e mudar-se. Mas então Jack, meu amigo golfista, percebera o que era melhor para mim? Ah, sim, Jack era muito bom nisso...

Nesse instante um negro corpulento nos parou para perguntar onde era a rodoviária. Phoebe disse que ele já havia passado do local e convidou-o a nos seguir, pois nós também iríamos até lá. O homem se apresentou como Cyrus e apertei-lhe a mão, perguntando-lhe há quanto tempo estava na cidade, sendo eu mesmo um recém-chegado. Pelo que calculava, há quatro dias. Realizara a passagem enquanto fazia suas orações e ficou chocado quando viu que não estava no Céu. Acordara dentro de uma igreja daquele mesmo quarteirão, sobre um banco. Achei graça na história, mas o coitado parecia tão abatido que imediatamente lamentei minha leviandade e pedi desculpas.

— Não, está tudo bem, Henry, você não ofenderia um honesto batista do Sul, certo?

Enquanto essas palavras iam saindo, uma por uma, dos seus lábios, ele foi se transformando de negro em caucasiano e de um Cyrus robusto num mirrado Jack. Lenta e rapidamente, se é que se pode dizer assim, ao mesmo tempo. Aquilo foi mais esquisito que o episódio dos patos e levei alguns instantes para entender tudo. Senti-me, é claro, um pateta enquanto Jack me dava palmadinhas no ombro, rindo da minha demonstração de falta de preconceito. Perguntei a Phoebe se Jack fizera a mesma brincadeira com ela logo que chegara. Ela respondeu que na ocasião era muito nova para esse tipo de brincadeira. Confessei que ela me parecia aliviada por causa disso e Phoebe sorriu. Jack, nem é preciso dizer, dera o fora logo que me voltei para Phoebe; mas, como já nos aproximávamos de um edifício que poderia ser qualquer coisa menos uma rodoviária, optei por achar o incidente engraçado. Phoebe talvez estivesse me armando uma peça, mas bem que eu gostaria de cair em sua rede. Nós nos sentamos num banco e esperamos. Eu sentia o perfume de magnólias, embora não as pudesse ver.

Um ônibus de linhas bastante modernas apareceu do nada, faiscante e silencioso. A porta se abriu e o motorista se inclinou para fora, perguntando: "Vai para as montanhas, senhor?" Era magro, ossudo e sério. Parecia que minha parte no jogo seria tentar agradá-lo. Phoebe insistiu para que eu me divertisse bastante e despediu-se com um aceno. Subi a bordo nervoso como se tivesse 12 anos em vez de... raios, quantos anos eu tinha mesmo? Sentei-me junto a uma janela aberta e sorri. Phoebe gritou: "Volte logo caso se sinta entediado!" Eu, é claro, já estava de saco cheio, ansioso por saltar da janela e cair nos braços dela. Mas só o que o velho e tedioso Henry fez foi sorrir e acenar.

O Velho e Tedioso Henry

O ônibus partiu e foi atravessando, em velocidade moderada, campinas e pastagens com vacas e ovelhas. Curtos trechos de floresta surgiam e sumiam numa agradável regularidade. De onde estávamos, os montes aonde nos dirigíamos mais pareciam montanhas. Uma mistura bizarra de automóveis cruzava conosco e perguntei-me se acaso aquilo não seria uma espécie de corrida de modelos antigos. De vez em quando parávamos para alguém desembarcar. Duas senhoras e um garoto, dois homens, três mocinhas, todos alegres e bem-dispostos, todos com suas cestas de piquenique. Comecei a achar que estava perdendo alguma coisa. Por que não tinha também uma cesta, e por que Phoebe não estava ao meu lado?

O motorista se virou e disse:

— Acho que agora o ônibus é todinho seu, cavalheiro.

Olhei à volta: ele estava certo, o ônibus era meu. Aproximei-me do homem.

— Meu nome é Carl, estou aqui há já algum tempo, sempre gostei de conduzir pessoas e sempre quis fazer isso de graça. É a minha vocação, creio eu.

— O meu é Henry e só cheguei há dois dias. Ainda estou aprendendo os macetes.

— Ah, um recém-nascido! E o que está achando?

— Muito bom. Não poderia ser melhor. E me sinto aliviado, também.

— Aqueles fanáticos pela Bíblia o aborreciam, hein?

— Eles, nem tanto — sorri. — Minha família, a própria vida é que me chateavam. Já não aguentava mais. A melhor coisa que fiz foi vir para cá.

Carl riu, sabia como era. A esposa pegara os filhos e se mandara com um vizinho, enquanto ele estava em Cleveland. Deus sabe para onde foram, deixando-o com uma casa alugada e os móveis. Ele abandonou o emprego, mudou-se para Atlantic City, jogou até ficar depenado, meteu-se numa briga de botequim e morreu a caminho do hospital. Agora dirigia um ônibus, velejava no grande lago e era voluntário numa clínica de recuperação de dependentes.

— Levei alguns para as montanhas. Como você, só o que queriam era se isolar. O casal já voltou, alguns ainda estão por lá, acho.

Pouco depois, chegamos à entrada de um parque. Cercas vivas, uma guarita sem ninguém dentro. Uma placa avisava que se esperasse ali pelo ônibus. Agradeci Carl por sua atenção e desci.

— Quando se cansar da natureza, venha para cá e espere até que eu o apanhe. Ah, sim, quase todos os dias Eleanor aparece em sua bicicleta, trazendo queijo, azeitonas e o melhor frango assado que se possa imaginar.

Agradeci a dica e acenei-lhe enquanto ele se afastava. Era um ônibus silencioso, pensei, sentando-me no banco ao lado da guarita vazia e contemplando o novo panorama. O local ideal para quem queria ficar sozinho. Pairava ali uma espécie de atmosfera de desolação tranquilizadora. Um lugar acolhedoramente arruinado, com montes de cacarecos não identificáveis dispostos como que pela mão de um decorador de ambientes numa prancheta.

Santo Deus, eu estava morto! Como aquilo era terrivelmente estranho! Estranho, mas familiar. Acampar aqui seria o mesmo que acampar aí? Não, decerto. Tinha pela frente uma imensidade de experiências. A eternidade parecia assustadora. Eu ficaria assim para sempre? E por quê? Com que finalidade?

Continuei a me torturar dessa maneira durante vários minutos até concluir que tais ideias eram absolutamente inúteis e melhor seria tentar aproveitar aquele pedaço da natureza. Tinham me assegurado várias vezes de que não haveria com que me preocupar: tempestades, deslizamentos, predadores. Segundo Phil, era ali a casa do leão que dorme com o cordeiro e eu devia me preparar para cenas estranhas e maravilhosas.

Naquele momento o próprio fato de andar, de pôr um pé à frente do outro já era maravilhoso. Então senti o desejo súbito de parar e tocar os dedos do pé. Tirei a mochila e realizei o pequeno ritual. Meu corpo parecia ter sido refeito com um tipo de borracha bastante maleável, que melhorava em muito o desempenho dos ossos e articulações. Estiquei os braços e curvei-me para trás, calculando até onde iria o movimento. Mas nada o deteve e logo eu assumia a forma perfeita de um "n", como o acrobata que o "menino Henry" sempre quisera ser. A lembrança do sonho e do jeito como papai me chamava fez-me erguer os dois pés para concluir a manobra, mas perdi o equilíbrio e desabei comicamente. O choque e a hilaridade que se seguiu deixaram-me feliz ao menos na aparência e eu teria gostado muito de dividir essa sensação com alguém.

Mas, em vez disso, tentei saltar. Uma, duas, três vezes. Sem esforço algum. O velho e tedioso Henry quase não se reconhecia. A Terra seria um trampolim? Não, era tudo por causa dos meus novos pés de borracha.

— Olá! — chamou uma voz de mulher. — Olá!

Voltei a cabeça enquanto saltitava e avistei uma garota alta, esbelta, de cabelos apanhados num coque e grandes óculos. Estava de bicicleta e acenava. Como um idiota, retribuí o gesto. A jovem pareceu gostar da minha reação e animei-me a avançar, saltando, na direção dela. Da última vez que fizera isso ficara tonto, caíra e quebrara um braço, perdendo com a brincadeira três semanas de escola.

— Meu Deus, como você está se divertindo! — riu ela, enquanto eu me aproximava aos saltos.

— Já pulou assim? É engraçado.

— Não, mas posso tentar.

Mal ouvi isso, parei e pedi desculpas por meu comportamento excêntrico:

— Não sou sempre assim.

— Eu sei. Ficamos um pouco desorientados quando chegamos. Não se preocupe, vai passar. Meu nome é Eleanor e pensei que você talvez quisesse um pouco de queijo e azeitonas para seu passeio.

— Quero sim, Eleanor, muito obrigado. O motorista do ônibus disse mesmo que você talvez aparecesse por aqui.

— Sim, moro perto e saio para pedalar duas vezes por dia. A região é muito bonita e gosto de sentir o vento nos cabelos.

Ignorei o coque e concordei. Ela vasculhou a grande cesta presa ao guidão e tirou um pacote cuidadosamente embrulhado em papel pardo. Agradeci com entusiasmo. E que tal um pedaço de frango assado? Também isso logo passou às minhas mãos.

— Bom, agora tenho de ir. Divirta-se muito e não se preocupe com nada.

— Obrigado, Eleanor, você foi muito gentil.

Ela montou na bicicleta e se foi, acenando como... bem, uma garota à moda antiga num filme inglês.

Parti na direção dos bosques, com os pés ainda leves, mas procurando não ficar tonto. Nunca se sabe.

Atravessei moitas altas de relva e flores silvestres, degustando o canto dos pássaros e o rumor da brisa. Disse a mim mesmo que já não tinha preocupações no mundo, mas alguma coisa me incomodava — talvez o fato de não ter nenhuma preocupação no mundo. Uma forma consideravelmente maior que um simples matagal se destacava na encosta de algumas colinas. Justamente o que quero, pensei.

Encontrei um recanto delicioso, perto de um regato repleto de seixos cujo murmúrio seria minha companhia constante. Sempre gostara do rumor das águas nas pedras e não seria agora que iria mudar. Aliás, o que a morte mudava, afinal? Foi o que me perguntei enquanto armava minha pequena barraca e, estirado na margem, petiscava as guloseimas de Eleanor. Como tudo o mais por ali, a comida tinha um sabor incrível. E a água do regato? Ambrosia pura. Impressionante. Por isso chamavam o lugar de Céu.

Tudo, desde minha chegada, fora maravilhoso como os antigos livros diziam. Por que alguém, eu inclusive, iria temer a morte? O próprio chão era macio, quase que eu me afundava nele até os calcanhares. Por enquanto, nenhum leão e nenhum cordeiro; mas eu tinha tempo. Apanhei o pequeno travesseiro que Phil recomendara e deslizei para um sono bem-vindo.

O Éden e Suas Ansiedades

Despertei? Para ser franco, não sei. Abri os olhos e lá estavam a floresta e o regato, exatamente como um momento antes. Talvez se houvessem passado horas; talvez, dias. E se, voltando à cidade, descobrisse que já se passara um século? Um vago receio dessa possibilidade me fez estremecer. Não, melhor ficar por aqui mesmo e continuar ouvindo o murmúrio do regato, pensei. Continuei, pois, deitado e feliz como um bebê. Sabem como é.

Flutuando serenamente naquela efêmera eternidade, perguntei-me se deveria tomar alguma decisão. Afinal, aquele era um momento importante em minha... vida, se é que poderia chamá-la assim. Mas de que outro modo a chamaria? Quero dizer que sem dúvida não era a morte, a menos que a morte fosse uma rica e intricada série de montagens teatrais a cargo de uma grande companhia com recursos ilimitados. Mas tudo era muitíssimo real.

Na faculdade, meus dois colegas católicos, Clarence e Larry, disseram-me certa vez que os livros espiritualistas sobre o Paraíso, que eu andara lendo, se referiam muito provavelmente ao Purgatório, pois, como todos sabem, só os católicos vão para o Céu. Pelo que supunham, o Purgatório era o lugar onde nos desfazemos do excesso de bagagem, de pecados como o orgulho, a arrogância e a luxúria. Mais ou menos como perder peso, Clarence gostava de sublinhar, acariciando a barriga e rindo. Jogávamos pôquer, com cacife de alguns centavos, tentando esquecer o fardo dos estudos por algumas horas. Os dois caras eram boa gente, procuravam vencer minha relutância e indiferença geral, ajudavam-me a ser um pouquinho mais humano, mais "desposável", conforme brincava Larry.

E ele não estava muito errado: depois de cerca de um ano convivendo com os dois, encontrei Veronica numa das reuniões familiares de Larry

— uma churrascada tão concorrida que tiveram de reservar espaço num estacionamento e hospedar primos de Baltimore durante o fim de semana. Ela parecia agradável e encantadora; não aguentei mais continuar solteiro e convidei-a para sair. Como a maioria dos homens jovens, eu estava pondo um ponto final em minha vida com o casamento, mas agora não queria pensar no assunto. Infelizmente, tentar não pensar numa coisa traz à mente uma série de imagens desagradáveis. Um desfile de pequeninos problemas, cada qual mais embaraçoso que o anterior, passou diante do que eu costumava chamar de meu olho mental. Tudo culminara com a última visita à minha casa e uma briga com mamãe. Sem dúvida ela queria me consolar pela volta à vida de solteiro, mas eu não tolerava sua interferência e pedi-lhe que ficasse de fora. Sei que a magoei, mas penso que isso foi necessário. Seu zelo sempre fora contaminado pela vontade de mandar e, com meu outro patrão de férias, eu não queria saber de substitutos. Revi então a cena, com toda a sua raivosa intensidade. Não havia como escapar-lhe: ela me atormentava como uma culpa persistente. Fugir, como eu fugiria na Terra, impossível; tinha de vivenciá-la plenamente e, enquanto me deixava levar em desamparo, comecei a detectar sua fonte: a morte prematura de minha irmãzinha Ann, a quem nunca conheci.

Mas é claro! Como não pensara nisso antes? Minha mãe vivia aterrorizada ante a possibilidade de me perder como perdera a menina. E agora seu pior pesadelo se materializara. Sem nenhum aviso encontrei-me em seu quarto, vendo-a chorar e gemer na cama. A cena era triste e, como de algum modo eu podia sentir sua dor como se fosse minha, não me contive. Entreguei os pontos, caí por terra, chamem como quiserem; o certo é que não me restou um farrapo sequer de dignidade quando me estirei na cama ao lado dela. Pressentir sua tristeza quase suicida foi a maior intimidade que jamais compartilhamos, mas eu notava que ela não podia me sentir como eu a sentia. A tristeza era a bem dizer insuportável, mas embora eu tentasse não conseguia reunir forças para fugir daquele quarto. Estava condenado a ficar e a sofrer. E como esse fora o tipo de coisa que eu sempre procurara evitar a todo custo na Terra, minha inquietação atingiu o nível máximo.

Mamãe achava que não tinha motivo algum para continuar vivendo e papai era um apoio emocionalmente distante, sem o qual ela podia passar muito bem. O abridor de cartas, na escrivaninha, chamava-a. Vi-a cambalear até ele. "Que coisa horrível a fazer na véspera do enterro do meu filho", sentia pensar, "mas não me importa mais o que os outros dirão. A vida não me deu nada a que valha a pena me apegar. Tudo o que eu amava me foi tirado — casa, joias, nada disso importa."

Algo me fez parar e recuperar o autocontrole. Estaquei e procurei transmitir-lhe pensamentos. Disse (ou pensei): "Estou aqui com você, mamãe, não sente minha presença?" Ela ergueu o abridor de cartas à altura dos olhos e observou-o. Mirei-a fixamente e pensei: "Não, não faça isso, papai precisa de você." Ela passou o dedo pelo fio da lâmina, como para sentir-lhe a eficiência. "Pare, mamãe. Eu a amo." Era um argumento fraco, mas alguma coisa nela se agitou, se transformou, não sei bem. A febre sumiu, o suor parou de correr e a lâmina foi recolocada na escrivaninha. Ela pensou: "Ótimo que tudo tenha acabado" e, num gesto decidido, dirigiu-se para... o telefone, voltando imediatamente a ser a sra. Ernest Henry Turner, uma americana de princípios.

Uma onda de alívio como que me empurrou para longe daquele quarto e vi-me de novo sobre o banco de relva, ouvindo o murmúrio da água nas pedras. Em questão de segundos senti-me outra vez seguro naquele espaço paradisíaco, enquanto o pequeno drama de há pouco se desvanecia rapidamente. Mas quando seria a próxima peleja? Eu não dispunha de pista alguma. A viagem de ida e volta do Céu ao Inferno me esgotara e jamais seria, pensei, usada como assunto para quebrar o gelo no começo de uma festinha. Aliás, haveria festinhas por ali? Provavelmente sim, pois eu já vira tanta coisa! Os mortos fazem quase tudo o que querem, dissera Jack em meu primeiro dia como morto. Devia estar certo. Afinal, aquela talvez fosse a terra dos desejos realizáveis.

Eu bem que gostaria de caminhar um pouco, explorar, observar pássaros, mas a música do regato parecia hipnotizar-me, manter-me refém em sua trama melódica. Então lá fiquei estirado ao sol, como se gozasse férias, sem ânimo sequer para entrar na água. Lembrei-me de minha irmã Ann, aquele tremendo vazio no seio da agitação e da ambição da minha família. As cicatrizes eram tão profundas, o sofrimento e o sacrifício eram tão intensos que me parecia tê-los recebido como herança de família. Mas o que fazer dessa herança, eis a questão. Talvez fosse posta de lado, como o excesso de bagagem do Purgatório de Clarence. Mas eu não sabia ao certo; parecia uma bagagem invisível, mas que tinha de ser carregada.

Castanhas do Paraíso

De repente, lembrei-me de um folheto que Phoebe colocara em minha sacola enquanto eu caminhava para o ônibus. Ela sorrira e batera-me nas costas, mas eu não prestara atenção. Vasculhei a sacola e finalmente encontrei o folheto. *O Que Fazer Agora Que Você Está Aqui* era o título. Humm! Na primeira página, liam-se as palavras "Um Manual para os Bem-impressionados". Bem, eu estava bem — ou melhor, profundamente — impressionado! Aquele lugar, aquele mundo era tão maravilhoso que só aos poucos eu conseguia pensar sobre o que via. Sua magnificência era demais para a estreiteza do meu cérebro. Bem-impressionado, então? Oh, sim.

A página seguinte dizia:

Se a sua passagem foi fácil e a sua chegada sem incidentes, você provavelmente já se acostumou ao clima de férias do lugar sem maiores problemas. Não se preocupe com nada e muito menos se sinta culpado por se divertir tanto. Seus entes queridos têm saudade de você, mas você sempre poderá penetrar em seus sonhos. Os que chegaram antes gostaram e os que chegarão mais tarde vão gostar também. Ninguém perde o trem para o verão eterno. Ele sempre esteve aqui e sempre estará. O ambiente poderá mudar de acordo com a expectativa e a equipe poderá se deslocar para outros locais; mas a profunda calma de nossas comunidades livres do stress, com suas incomparáveis belezas e motivos de elogio, será constantemente requisitada pelos que chegam não só da Terra, mas também de outros lugares.

Aquilo dava o que pensar: outros lugares. Lembrei-me do interesse de Dale por discos voadores. Talvez gente morta de outros planetas também estivesse por ali. Talvez o "verão eterno" fosse uma espécie de ponto de encontro no sistema solar, uma encruzilhada no tempo-espaço. Penetrar nos sonhos dos entes queridos: estremeci a essa ideia e logo a descartei. Que outros fizessem bom uso dela. Entretanto, a perspectiva de um verão eterno também me dava o que pensar. No Céu nada mudava? Ou aquilo não era o Céu? Os contrafortes da montanha do Céu, talvez.

Passei à página seguinte:

O verão eterno não está dividido segundo linhas étnicas ou religiosas. Todos são bem-vindos e convidados a permanecer. Guias os trouxeram para cá depois da transição porque acharam que vocês ficariam à vontade neste lugar. Caso não se sintam confortáveis, entrem em contato conosco; nós podemos ajudar. Fale sobre sua situação com a pessoa que lhe deu este folheto. Ela é experiente e sabe o que fazer. Um novo alojamento não é problema; existem muitas outras comunidades maravilhosas que acolhem os recém-chegados. Alguns querem as montanhas, outros o deserto, outros ainda o mar. Há um cantinho para todos. Das luzes da cidade ao silêncio monacal, com tudo o que há no meio: nós ajudaremos você a escolher. Esportes, educação, artes e ciências; passatempos, artesanato, religião e espiritualidade; entretenimento, trabalho, serviços comunitários — tudo isso e muito mais é seu, basta pedir. Não se acanhe.

Um guia do além? Soava mais como o folheto de um hotel turístico. Mas o lugar parecia mesmo para férias, como nenhum outro que eu já vira. Revirei um saquinho de castanhas sortidas. Uau! Sequinhas, suculentas e doces. Melhores que quaisquer outras jamais inventadas. Castanhas do Paraíso.

Página seguinte:

Quer saber como é o inferno? Não fique envergonhado, muita gente quer. O alívio por não ter caído lá às vezes transforma-se em uma curiosidade insaciável por um espetáculo que talvez se esteja perdendo. Inscreva-se para um passeio com um guia e fique preparado para o choque. Não é um cenário bonito: cheio de pessoas atormentadas, solitárias, furiosas, viciadas, melancólicas, ignorantes e estúpidas. Não precisa acreditar em nós: veja por si mesmo. Voltará aliviado. E se for levado pela compaixão, saiba que missões de resgate estão sempre à procura de recrutas.

Dobrei o folheto e reclinei-me para pensar. Lembrei-me do meu primeiro dia como morto. Ainda na véspera eu atravessava florestas guiando por estradas sinuosas do interior e gozando a escapada ao trabalho. Um barranco, uma curva fechada e eu acabei virando estatística. Segundos de lamentação seguidos por momentos de mistério e espanto. Depois, o que chamarei de tristeza flutuante se transformou em lágrimas. Veio então Jack com as suas palhaçadas. Interior de Connecticut. Patos. Bem, era o bastante.

Como todo bom protestante, voltei-me para a dor e a tristeza. Afinal de contas essa era a minha herança, não? Os pecados do pai, a salvação pelo trabalho estafante. Em questão de segundos eu estava me punindo por meio de Veronica e Reid. Em menos tempo do que se possa calcular, vi-me ao lado deles. Veronica, vestida apenas com uma camisa de Reid, estava diante do fogão, preparando o café. Reid devia estar ainda na cama, acariciando a barba e deliciando-se com sua virilidade. Fiquei horrorizado ao ver Veronica perto da janela, quase nua, mas é que Reid sempre conseguia induzi-la ao papel de mulher decaída. Ela ficara furiosa quando eu lhe disse isso durante sua última troca de parceiro. "Henry, você não passa de um quadradão. As mulheres não precisam mais ser princesas. Por que não procura a pequena Elaine para uma brincadeirinha? Faria muito bem a ela!" A pequena Elaine realmente só tinha 1,60 m de altura, mas viajar no mesmo trem não fazia dela minha amante, fato que Veronica jamais reconheceria. Elaine era admiravelmente discreta e atenciosa, o tipo de serva fiel, mas só agora eu entendia a insistência de Veronica ao dizer que ela era obcecada por mim e me seguiria aonde quer que eu fosse. Em primeiro lugar ela era casada, embora o casamento fosse infeliz; em segundo, era católica, à semelhança daquele desgraçado papista Kennedy, como jamais papai me deixara esquecer. Veronica garantia-me que Elaine uivaria como uma loba caso eu alguma vez a levasse para a cama. Parece estranho que uma esposa diga isso, mas não no caso de Veronica, especialmente depois de uma semana na companhia de Reid, que parecia acender nela um fogo invisível.

Veronica se dirigiu ao quarto, com a camisa aberta flutuando-lhe à volta do corpo, levando duas canecas. Eu sabia que iriam conversar sobre dinheiro. Meu dinheiro. E conversaram. Afastei-me, antes que a raiva me dominasse.

Essa fuga abriu espaço mental para Elaine, que estava sozinha em seu quarto, soluçando, com uma foto minha na mão. Seu filho de 11 anos apareceu à porta, espiou por um instante e afastou-se. Depois chamou, creio que da cozinha, e Elaine respondeu: "Está na porta da frente, onde você o deixou, querido." Em seguida, sentou-se novamente na cama, enxugando o rosto com um lenço. Sentei-me ao seu lado e pousei-lhe a mão no ombro, um tanto receoso a princípio, mas logo aliviado ao ver que ela não notara nada. E que faria eu se ela notasse?

Estranha sensação a de ser um fantasma! Oh, você pode ler histórias de fantasmas até se cansar, mas só há uma maneira de entendê-las: é ser você mesmo um fantasma. Ao mesmo tempo presente e ausente; ali e longe dali. Lembrei-me de como influenciara mentalmente minha mãe e pensei: "Lamento muito, Elaine, nunca percebi nada. Nunca soube o quanto eu era importante para você." Uma parte de mim se irritava: "Seu mentiroso, você apenas não queria enfrentar o marido dela. É covarde de dar dó." Outra parte não concordava e queria defender-se. Quando Elaine se estirou novamente na cama para chorar um pouco mais, uma terceira voz se fez ouvir. Era uma combinação perigosa e dei o fora do quarto, confuso e ansioso para ficar bem longe dali.

Lá estava eu de novo no banco de relva, a refletir. Pensamentos agitados, inquietantes, misturados com ansiedade e raiva, mas bem mais fáceis de suportar do que aquele quarto. A intensidade das emoções e sensações, contra as quais eu não tinha defesa, me cansou e assustou. Lembrei-me da piada sobre funerais — "Você nunca deixa de comparecer ao seu" — e fiquei envergonhado.

Para me distrair um pouco, caminhei em direção à margem do regato e mergulhei os dedos na água. Fiquei deliciado como uma criança, e uma súbita alegria desfez meu mau humor. Dando espaço a sentimentos infantis, eu parecia entrar no próprio mundo mágico da infância, do qual o meu era apenas uma pequena parte.

Brincar de médico e enfermeira no jardim de infância, os dedos de Matty traçando curvas em minha coxa, risinhos. Corridas em círculo, lenços agitados, gritarias. Libélulas azuis revoando, tartarugas deslizando para a água. A festa de aniversário de 7 anos de Matty, quando Tricia me beijou dentro do armário embutido. Sonecas na fazenda da avó de Tom, observando as nuvens flutuarem no céu e imaginando como viveriam os habitantes daquelas paragens. Fadas diáfanas que voavam para a Lua no dia de Ação de Graças. Doces que eu não podia degustar, por mais que pedisse. Dormir com a cabeça para fora da cama, a fim de ver tudo invertido, e acordar com uma dor danada no pescoço. Aprender que esconder coisas debaixo do colchão é bem melhor que escondê-las debaixo da cama!

Phoebe, Guinevere e Jack

Lá pelo meio de tudo isso, realmente adormeci. Mais um tantinho de alívio, só Deus sabia por quanto tempo, um repouso sem sonhos para a atividade incansável do meu cérebro. Nem chegara a entrar na barraca. Aquela devia ser uma floresta sem chuva, sem noite, com perfeita temperatura ambiente. Anotaria essa observação para perguntar a alguém. Phoebe, talvez.

Desembrulhei um pedaço do frango assado de Eleanor e fui andar um pouco. O frango, é claro, não era deste mundo. Será que alguém se saciaria com um alimento tão maravilhoso? Outra pergunta para Phoebe, se é que eu voltaria a vê-la. Logo encontrei um recanto, descendo o rio, bordejado de samambaias e pontilhado de pequenas cascatas. Depois de muito apreciar o local, notei que três filetes de água convergiam para lá, reunindo-se numa lagoa artisticamente concebida e executada, talvez de uns 15 x 10 m. A curva suave e intrincada das margens me encantou e me fez chorar de novo. A "ferida de alegria", pensei, enquanto me afastava.

Uma floresta capaz de nos deixar felizes por estar vivos, concluí, depois de voltar à segurança dos olhos secos. Em suma: mortos e contentes por viver. E até agora, nenhum animal. Talvez aquilo fosse uma espécie de floresta-museu. Lagoas perfeitas, samambaias perfeitas, árvores perfeitas. Quem sabe os animais tivessem suas próprias matas? Um coro inefável de cantos de pássaros, alojados entre as altas folhagens, me fez companhia. Mas, e quanto a vê-los? Sem chance.

Sem nenhum motivo especial, tomei o rumo do acampamento. Duas figuras se ergueram do chão quando me aproximei e uma delas saudou: "Henry!"

Deus do céu, eram Phoebe e outra garota ainda mais bonita que ela! Repliquei com um "Olá, vocês aí", tentando rir para disfarçar o pânico.

Quando Phoebe me apresentou Guinevere, estendi-lhe a mão e confessei o quanto estava feliz em conhecê-la. Ela correspondeu, sorrindo. Para meu grande embaraço, Phoebe fez o mesmo. De repente, abraçando-me, pediu que eu não ficasse tão sério. Não, não vou ficar, pensei, e farei tudo para ganhar outro abraço.

— Eu ouvi isso — brincou Phoebe, e abraçou-me de novo. Comecei a rir com vontade.

O riso deve ter afrouxado minhas defesas, pois logo perguntei à amiga de Phoebe por que ela ostentava esse nome tão antigo. Em geral, eu era cavalheirescamente reservado no primeiro encontro. A resposta dela nos fez rir ainda mais:

— O nome veio de um velho livro de gravuras.

Nunca entendi por qual motivo muitas mulheres se sentiam tão atraídas pela cavalaria medieval (Elaine inclusive). Aqueles tempos selvagens e sanguinários não eram sequer redimidos pelas lendas que os romantizavam, ao menos no meu entender. Eu preferia o Iluminismo, com seus discursos polidos em cafeterias e mesas de banquete, ficando a religião e seus terrores bem escondidos por trás das paredes das igrejas.

Phoebe disse que queria me mostrar a parte da floresta que mais lhe agradava. Fascinado com tudo o que lhe dizia respeito, aceitei prontamente o convite e lá fomos os três. Tomamos a direção oposta àquela pela qual eu voltara, subimos uma leve encosta e chegamos a um denso renque de arbustos ao lado de uma encantadora trilha sinuosa. Finalmente atingimos uma clareira plana, de cuja borda se descortinava um pequeno vale de campinas ondeantes. Na extremidade do vale, erguia-se a magnífica mansão de uma família muito rica, parecendo que todas as crianças das imediações lá haviam se reunido para uma festa de aniversário. Grupinhos de fedelhos brincavam e corriam por toda parte, como que caçando borboletas.

Era sem dúvida um lindo cenário, conforme eu disse a Phoebe. No fundo, achei ótimo que aqueles pequenos patifes estivessem bem longe. Meu humor neste momento não estava para tanta bagunça. Segui o exemplo das moças e sentei-me a fim de admirar o panorama. Então era ali o tal lugar? Sim. Ela ficou contente por eu estar gostando, tanto mais que lhe lembrava algo que gostaria de mencionar. Estremeci e um risinho divertido se desenhou em meus lábios. Phoebe podia ser uma jovem terna e adorável, mas eu de modo algum estava preparado para ter filhos com ela. Sem dúvida, as coisas não deviam ser assim por ali. Guinevere riu de novo. Tentei rir também, mas um certo embaraço me manteve preso à velha e segura reticência. Lá vinha de novo o chato do Henry e desejei que ele se mandasse para nunca mais voltar.

— Henry, querido — começou ela —, sua irmã Ann, que você nunca conheceu...

— Como sabe de Ann? — perguntei, sem conseguir disfarçar o tom indignado da minha voz.

— Sei porque eu sou ela — respondeu Phoebe calmamente, tocando-me a mão. — Sou a pequenina Ann crescida.

Fiquei em silêncio por alguns instantes e comecei a chorar. As duas me consolaram com um carinho tão genuíno e tocante que chorei ainda mais. Decerto isso era bom para mim, pois liberava minhas emoções reprimidas e ao mesmo tempo me fazia adquirir uma compreensão mais profunda do meu pequenino lugar no universo. No entanto, mesmo agora, resquícios de uma vergonha fora de moda me atormentavam.

Como eu nunca vira Ann, o espectro de sua ausência é que devia ter me perseguido o tempo todo. Saber disso por minha mãe, ainda há pouco, sem dúvida me sensibilizara. Phoebe pediu para que eu não me preocupasse, que tudo fora para o meu bem, pois o coração ferido de mamãe fizera recair sobre mim todo o seu amor, embora com isso parecesse superprotetora e manipuladora. Na verdade, ela dessa vez expressara bem sua dedicação de mãe.

As lágrimas secaram e a curiosidade voltou quando ouvi as palavras "dessa vez". Phoebe explicou que houve muitas outras ocasiões em que o desejo de status, poder e bens materiais, além da pura vaidade, perverteram e arruinaram seu instinto materno. Eu nunca percebera? Percebera sim, disse Phoebe, mas agora não devia me preocupar com isso. E com outras coisas? Talvez sim, reconheceu Phoebe. Guinevere me tocou de leve e murmurou:

— Posso lhe contar uma, se quiser.

— Ah, não, você também!

— Sim, eu já fui sua irmã antes. Mas tivemos um final triste. Um incêndio na casa. Sufocamos sob as cobertas. Mas subimos ao Céu de mãos dadas, serenamente.

Acusei-a de mentir. Mas Phoebe declarou que era verdade. Ela era nossa governanta e a tragédia a fizera desejar ter seus próprios filhos, de modo que desposara o jovem a quem rejeitara e, segundo disse, "gerou uma ninhada". Ri e perguntei se se sentia culpada pelo incêndio. Aparentemente não, pois era o seu dia de folga. Tudo parecia tão simples, tão bobo! Vidas passadas às vezes são assim mesmo, ponderou Phoebe sabiamente, sobretudo quando temos consciência da nossa bagagem emocional.

Perguntei se podíamos caminhar mais um pouco. Concordaram. Em retrospecto, parece-me agora óbvio que minha curiosidade intelectual por essas revelações fosse solapada por minha incapacidade emocional de enfrentá-las; no momento, porém, só o que eu queria era dar uma volta. Em silêncio, Phoebe ia à frente, pelos caminhos estreitos e serpeantes entre o mato baixo e denso. De vez em quando atingíamos uma clareira e parávamos para ouvir os ruídos que cortavam o silêncio aparente. A cada vez, Guinevere roçava brandamente sua mão na minha. Embora forçasse a memória, eu não conseguia me lembrar de que houvéssemos perecido juntos num incêndio, décadas antes; mas sempre procurava retribuir-lhe o sorriso doce.

Finalmente, quis saber se os primeiros dias de uma pessoa após a morte eram sempre assim. Phoebe garantiu que não: eram diferentes, tão diferentes quanto podiam ser as vidas anteriores das pessoas. Havia por ali cidades feias como na Terra? Sem dúvida: nos chamados níveis inferiores, existiam praticamente réplicas de cidades do plano terrestre, onde criaturas desnorteadas e medrosas vegetavam em infernos mentais de sua própria invenção. Quando eu me acalmasse e me sentisse disposto, poderia inscrever-me para um passeio com guia por aqueles lugares. Guinevere observou que ela e Phoebe talvez se houvessem equivocado pensando que aquelas recordações iriam me ajudar; sentia muito por terem me atormentado desnecessariamente. Agradeci-lhe a preocupação e declarei que talvez precisasse de mais uns dias para pensar bem no assunto. Além disso, não devia me preparar para o maldito funeral? Sim, reconheceu Phoebe, e seria bom que eu usasse a minha melhor roupa.

Phoebe então nos reconduziu ao meu pequeno acampamento. Foi com um suspiro de alívio que as vi partir e com um murmúrio de ansiedade que compreendi estar agora entregue à minha própria sorte. Fiel aos velhos hábitos, combati a incerteza com a comida. Embora meu apetite parecesse pequeno, o alimento era delicioso e saboreei cada bocado. Como um garoto, deitei-me de bruços à beira do regato e bebi água com as mãos. O gosto da água não era deste mundo. Dez vezes mais refrescante que qualquer outra que brote das montanhas. Em seguida, estirei-me de costas para dormir. Dormir ou fugir? Ignorava-o e nem tinha forças para me preocupar com isso. Mesmo assim, desapareci no estado polêmico que se chama sono.

Acordei em meio ao espetáculo tridimensional de um serviço religioso em curso. Certas caras pareciam bem conhecidas: alguns sócios do meu pai, várias amigas da minha mãe, duas tias que eu não via há décadas, um punhado de primos e sobrinhos. De novo mesclei-me ao choro de mamãe; seus soluços me convulsionavam e, quando me recuperei, vi-me envolvido por Elaine e seu torvelinho de sofrimento. A tristeza e o amor incondicional daquela mulher misturavam-se à minha reserva egoísta e culpa. Que bastardo eu fora! Deveria tê-la levado para jantar, marcado um encontro: isso a deixaria tão feliz! Mas não, eu tinha de fazer a coisa certa, eu, o bom cidadão de subúrbio, oprimido por uma esposa viciada em sexo! Era escolher entre acabar no psiquiatra ou me omitir; e, escravo submisso que era, preferi a última alternativa, por ser a mais fácil e discreta.

Minha incursão em sua aura pareceu ampliar instantaneamente a dor de Elaine e logo um pensamento me ocorreu: para ajudá-la, eu devia me afastar dela o máximo possível. Arrastei-me para longe e tentei emitir algumas mensagens confortantes de desculpas e simpatia. Em segundos, pelo que me pareceu, Elaine se acalmou e voltou-se com um débil sorriso para a senhora ao seu lado, cujo rosto reconheci vagamente. Um amigo do papai levantou-se para proferir o elogio fúnebre. Sim, agora me lembrava dele: presidente da câmara de comércio local, pilar da igreja e pomposo fanfarrão que vivia tentando atrair meu pai para seu decrépito clube de golfe. Meu pai, orgulhoso e altivo, sem ceder um milímetro à emoção, indiferente aos soluços de mamãe no ombro de sua irmã, mais parecia uma estátua rodeada de condoídos admiradores. Estava entediado e aborrecido: como pudera eu ser tão estúpido a ponto de permitir que aquela esposa imprestável me levasse ao suicídio? Como me atrevera a deixá-lo em situação tão embaraçosa? E por onde diabos andava Veronica, que não comparecia ao enterro do próprio marido?

Preocupava-se mais com os banqueiros do que com as reuniões de diretoria e relatórios anuais. Encontrara alguns espertalhões no clube de Eugene: um empreiteiro de obras e seu amigo, o distribuidor de peças de automóvel, que deviam ter seus contatos. Eu quis gritar *"Foi um acidente!"*, mas como sempre ele parecia seguro de si, de modo que me esgueirei para o fundo da igreja e fiquei observando os demais. Na porta, estava um sujeito esquisito, em quem ninguém parecia reparar, exceto eu. Sorriu e cumprimentou-me. Retribuí o gesto, perguntando-me como ele podia me ver, a mim, o sr. Invisível em seu próprio funeral. Talvez estivesse morto também e fora dar as caras na igreja errada. Aproximei-me para inteirá-lo do equívoco. A despeito de toda a tensão e inquietude, aquele ainda era o meu enterro e eu não queria saber de intrusos.

Enquanto eu falava em tom áspero, sugerindo que ele devia ter pego o endereço errado, o sujeito mudou de aparência: já não era mais o cavalheiro digno, corretamente trajado de preto, mas Jack, o guia golfista que me resgatara do local do acidente há pouco tempo. Ao perceber a farsa, preferi deixar de lado a censura e dar-lhe um tapinha no ombro. O filho da mãe riu gostosamente, como quem diz: "caiu de novo!" Depois, perguntou se eu queria saber do paradeiro de Veronica. Fingindo desinteresse, soltei um "é claro". Jack me tomou pela mão e desaparecemos da igreja. Decorrido um segundo, durante o qual nada parecia ter acontecido, vimo-nos numa esquina movimentada de minha cidade, contemplando uma cena de acidente. Uma motocicleta colidira com um caminhão de entregas. Um grupo de pessoas rodeava os veículos, presumivelmente socorrendo as vítimas. Jack me agarrou de novo a mão e subimos vários metros no ar. Vi então Veronica e Reid cobertos por lençóis, com jaquetas e blusas dobradas sob suas cabeças, o motorista do caminhão parado em frente, balançando a cabeça. Adivinhei que Reid avançara um sinal vermelho, conforme seu hábito — hábito que, entre outros do mesmo tipo, Veronica parecia apreciar indevidamente.

Jack sussurrou:

— Isso aconteceu há algumas horas. Voltemos ao presente.

Outro lapso vazio, seguido pelo aparecimento de um quarto de hospital. Nos leitos junto aos quais nos postamos, jaziam minha esposa e seu amante, envoltos em bandagens e dormindo. Calmamente, voltei-me para o meu guia e perguntei se iriam sobreviver.

— Sim, é claro. Não achava que a coisa iria ser tão fácil assim, achava? Isso foi apenas para mostrar para você que eles tentaram.

— Então, não preciso me preocupar, certo?

— Não, tem coisas mais importantes a fazer.

— Por exemplo?

— Quer saber mesmo? Eu não quero desperdiçar sua viagem ao campo, afinal de contas.

Jack tinha a capacidade de me fazer sentir como um escoteiro apanhado se masturbando. Algo em mim não aceitava deixá-lo levar a melhor, de modo que proferi as palavras que marcaram aqui o meu caminho em espírito, que o marcaram a tal ponto que foi como se eu dissesse "Longe de mim, Satanás!" ou "Dê um tempo, seu velho idiota!" Essas palavras foram: "Mostre-me."

Jack riu de novo:

— Eu tinha me esquecido de que você era do Missouri.

Eu não tive tempo para reagir. Ele me tomou a mão e, súbito, estávamos numa favela de uma cidade que não reconheci. Eu não poderia estar num lugar pior, de qualquer forma. Um velho bêbado estava caído na frente de um barraco, dormindo, com uma garrafa vazia na mão. Aguardei as explicações de Jack. Mas ele apenas murmurou: "Perguntas?" Eu queria saber o que fazíamos naquele buraco. O bêbado aparentemente morrera em pleno sono, mas eu não tinha certeza. E como o sujeito praticamente não tinha amigos, não notava que ninguém se dirigia a ele. Um outro vagabundo encontrara seu barraco — um barracão no quintalzinho dos fundos de um prédio abandonado, à espera da demolição —, mas fora posto para correr por batidas nas paredes, à noite.

— Táticas típicas de fantasmas — explicou Jack —, mais velhas que andar para a frente. E o mais engraçado é que os caras não sabem que são fantasmas. Este, por exemplo, estava irritado demais com a intrusão para pensar nisso.

Jack já aparecera por ali algumas vezes para conversar com o cara. Perguntei se mudara de aparência em cada ocasião. Ele riu e piscou o olho. Em seguida, agarrou minha mão e desaparecemos de novo. Tudo ali parecia muito correto. Um hospital, uma escola, uma ala administrativa, sei lá o quê. Paredes e acessórios de boa qualidade. O tipo de refinamento que compensa o cheiro de desinfetante. Eu ainda não dera por mim quando Jack acenou na direção de uma porta, à direita. Um cavalheiro, que bem poderia passar pelo reitor da minha velha universidade, fechou cuidadosamente a porta atrás de si e meteu-se pelo corredor. Jack pediu a minha opinião. Minha opinião sobre o quê? Sobre o que fazer, ora! Mas fazer o que e onde, com os diabos? Eu estava, como bem se pode adivinhar, completamente perdido.

— E quanto ao velhote? — perguntou. — Quer saber?

— Sim, o que há com ele?

— Está morto, seu bobo. Não reparou?

Na verdade, eu não tinha reparado. Quais seriam os indícios? Jack pediu que o seguisse. Descemos algumas escadas e saímos num estacionamento cercado de belas árvores. Nosso homem, meio confuso, vasculhava os bolsos. Ao encontrar as chaves, se dirigiu para o único carro à vista. Girou a chave com vagar, mas, subitamente apressado, entrou. Jack deu um salto sobre o carro e foi pousar, de pernas cruzadas, bem na frente do para-brisa. Um salto de Super-Homem. Dali, fixou o rosto do ocupante e começou fazer-lhe caretas como um doido. Fiquei tão assombrado com o pulo que me esqueci de rir, o que faria se tivesse mais presença de espírito.

O cara manobrou o carro e começou a afastar-se. Quando passava por mim, Jack saltou e veio parar ao meu lado.

— Viu só? — disse ele. — E olha que isso é só o começo...

— Aposto que sim. Mas o que, exatamente, você pretendia fazer?

— Chamar a atenção do cara. Em se tratando de fantasmas, é preciso saber duas coisas: é difícil chamar a atenção deles e, quando isso acontece, é mais difícil ainda fazer com que acreditem em você.

— Mas comigo, no outro dia, você não teve dificuldade para chamar minha atenção.

— Bem, você é um caso especial.

— Como assim?

— De duas maneiras: subconscientemente, você se encontrou comigo várias vezes durante a sua chamada vida como Henry — sem nunca, é claro, se lembrar disso — e, conscientemente, leu aqueles livros na faculdade que falavam da vida futura. Portanto, ao contrário de muitas pessoas, tinha alguma noção de que a vida depois da morte e os guias espirituais existiam. O materialismo cético da visão científica induz o homem moderno a só acreditar no que pode ser provado; e o enfoque obsessivo no plano físico, característico dessa nossa fase evolutiva de conquista da matéria, faz com que, mesmo passando pela prova, a evidência seja ignorada ou preterida em favor da piedade religiosa.

Devo ter dado mostras de extrema confusão, pois Jack se apressou a acrescentar:

— Quer que eu repita?

Eu estava rindo quando ele me pegou pelo braço e desaparecemos para reaparecer imediatamente numa encosta áspera, varrida pelos ventos, que abria para uma planície rochosa, pontilhada de barracos meio desmantelados. Jack virou-se para mim e perguntou se eu sabia onde estávamos.

— Tenho a impressão de que o Arizona não é a resposta certa.

— Não mesmo. Este é um dos muitos purgatórios reservados à ampla variedade de punições autoimpostas. E não são só católicos que moram aí, devo acrescentar.

Subitamente, estávamos bem perto de um dos barracos. Pela janela, pude ver um homem em trajes eclesiásticos, ajoelhado e rezando. Pedindo perdão, pensei.

— Preste atenção — murmurou Jack em meu ouvido. — Veja isto!

De repente, as roupas de Jack ficaram amarrotadas, fora de moda; o cabelo embranqueceu e uma barba hirsuta lhe cobriu o queixo. Trazia na mão direita uma bandeja de alumínio com um pedaço de pão velho e um copo de água. Bateu à porta e entrou. Postado à janela, vi-o depositar a bandeja numa mesa grosseiramente entalhada e sair sem dizer uma palavra. O padre nem se mexeu. Acho que se julgava desprezível. Jack, de volta às roupas de golfista, concordou. Foi ótimo eu estar certo pelo menos uma vez.

Consultei-o a respeito dessas trocas rápidas de roupas de que ele parecia gostar tanto. Respondeu que falaríamos sobre o assunto mais tarde. Agora queria me mostrar algumas consequências dos atos do sacerdote. Fiquei curioso. Transportamo-nos, ou pelo menos foi isso que me pareceu, a um quarto bem bagunçado. Um adolescente jazia sob os lençóis, ao mesmo tempo agitado e apático. Senti-me um tanto embaraçado por ele, sem saber por quê.

— Que me diz? — indagou Jack.

Bem que eu queria saber, mas só pude dar um palpite, aliás errado. O rapaz estava morto; suicida com depressão.

— Abuso sexual de coroinha há dez anos — anunciou Jack, como se lesse numa lista. Fiquei chocado.

— Foi o padre?

— O padre. E este garoto não é o único. Os outros continuam físicos, mas feridos.

Por "feridos" queria dizer alcoólatras e espancadores de esposas; por "físicos", ainda vivos. O rapaz deitado estava morto, mas para mim não parecia que estivesse. Aparentemente, ele mesmo o ignorava e nisso consistia toda a diferença. Adormecera depois de cortar os pulsos — e dormira por semanas (calendário da Terra), convencido de que não havia vida eterna para suicidas, e depois acordara numa réplica mental do seu antigo quarto.

Jack agarrou-me pelo braço e pediu que eu observasse enquanto nos afastávamos. Como que flutuando, logo nos encontramos a uns cinquenta metros de distância. O quarto parecia uma bolha rodeada por um halo acinzentado, um pequeno mundo onírico sem outra conexão a não ser consigo mesmo. Senti-me muito triste pelo garoto que não sabia de nada.

— Muito bom — declarou Jack. — A compaixão é que energiza a pessoa neste tipo de trabalho. E a melhor de todas é a compaixão universal.

— Não posso gozar de um mínimo de privacidade, hein?

— Só quando eu não estiver por perto — zombou Jack, com ar pomposo.

— Mas, não duvide, sempre levo em conta seus melhores interesses.

Ainda rindo da ironia, segurou meu braço e num instante o cenário à nossa frente se fundiu com a escuridão. Não durou mais que um segundo. Vimo-nos numa bonita praia: areias brancas de uma ilha tropical, palmeiras atrás de nós, ondas enormes de um mar muito azul à nossa frente, surfistas deslizando com desenvoltura pelas ondas em manobras radicais. Vi um rapaz dar um salto mortal com sua prancha. À esquerda, um pequeno grupo se descontraía, batendo papo. Bronzeadas, esbeltas e felizes, as pessoas pareciam resumir em si a vida humana saudável e descuidada com a qual outras apenas conseguem sonhar. Alguns homens ostentavam longos cabelos encaracolados e algumas mulheres traziam os seios nus. Sem dúvida, uma espécie de campo de nudismo, pensei.

— Esta é a praia da alegria sem fim — explicou Jack, chamando-me a atenção para uma placa distante. Embora ela estivesse a uns cem metros, eu conseguia ver as letras com bastante clareza. Dizia mesmo "Praia da Alegria Sem Fim".

— Deixe-me adivinhar, Jack: estão todos mortos e amando cada minuto de sua nova existência.

— Numa palavra, sim. Mas o que você não sabe é que isto está acontecendo dez anos no futuro, pelo calendário da Terra. Em 1972, ou coisa parecida. No seu tempo, o tempo que você deixou, essas pessoas ainda estão na escola primária. Nem pensam ainda em rebelar-se contra a sociedade de consumo.

— Recuso-me a ficar chocado...

— Bom começo.

— Mas quero saber como eles vieram parar aqui.

Jack sorriu.

— Em alguns casos, overdoses; em outros, acidentes de carro. Uns poucos suicídios, câncer... Mas todos têm uma coisa em comum: chegaram durante as férias e nunca se esqueceram disso.

— Então estamos na Terra?

— Não, no astral, bem entendido. Muita coisa no Além é quase idêntica à sua contrapartida terrestre. E quando os amantes do prazer descobrem que podem retornar ao seu nível mais perfeito de forma física, concluem que suas preces foram ouvidas. Esta é, obviamente, a terra dos desejos mais caros.

— O paraíso dos surfistas, então?

— Sem dúvida! Há o paraíso dos golfistas, o paraíso dos excursionistas, o paraíso dos nadadores. E, é claro, paraísos de todas as religiões.

Nessa altura um dos jovens deuses bronzeados se aproximou, saudando-nos com um aceno de mão.

— Aí está Jack, o golfista! Como tem passado?

Jack apertou-lhe a mão e me apresentou como "Henry, de 1963".

— Olá! Morri há pouco e ainda estou aprendendo os macetes.

— Ótimo, não pensei que você viesse do Vietnã. Jack nos tem trazido alguns daqueles garotos soldados, mas nenhum se parece com você.

Ri e estranhei que o sujeito estivesse imitando um negro. Jack perguntou-lhe algo a respeito de um assunto do qual eu estava completamente por fora. Mas logo, recuperando a coragem, perguntei-lhe por que ele não tinha um nome. A resposta me deixou espantado.

— Porque não sou ninguém. Sou livre. Esta é a irmandade da alegria eterna. Todos somos livres.

— E ninguém tem nome?

— Ninguém. Todos são livres, livres como a brisa. Nada de países, nada de governos, nada de polícia. E o camarada aí ainda quer me levar para o paraíso dele! Mas, meu caro, o paraíso é aqui mesmo! Não precisamos de Deus, de Jesus, de igrejas — já temos tudo. Henry, depois que você se livrar de Jack e seu showzinho de mágica ambulante, venha para cá. Vou lhe mostrar o que é diversão.

Prometi me lembrar do seu amável convite. Mas então duas das lindas mulheres seminuas surgiram ao lado dele, cheias do que me pareceu uma alegria irreprimível, e me saltaram ao pescoço. Sua intenção era clara e meu embaraço, bastante óbvio; mas elas, com largos sorrisos, beijaram-me o rosto e voltaram correndo para a areia, pulando e brincando como adolescentes longe dos pais. Nosso amigo sem nome acenou e se afastou. Jack me deu um toque e fomos embora.

Estávamos postados diante de uma igreja, numa manhã ensolarada de domingo, vendo entrar a fila dos fiéis. Vinha lá de dentro uma música de órgão. Cabeças pendiam e vozes apenas sussurravam. Todas as damas usavam chapéu. Poderíamos estar em qualquer cidadezinha da Nova Inglaterra. Jack explicou, num sussurro, que na verdade não estávamos muito longe da casa de hóspedes onde eu me instalara. Perguntei por que ninguém parecia nos notar. Ele respondeu que instalara um escudo protetor à nossa volta, para podermos observar tudo à vontade. Passei por alto o "escudo protetor", mas fui ousado o bastante para indagar se acaso não estaríamos de volta ao meu tempo. Aparentemente sim, até certo ponto. Todas aquelas pessoas tinham morrido, algumas em data recente, mas outras nos anos 1920 ou 1930.

Uma multidão satisfeita, disse Jack, num tom que me pareceu meio sarcástico. Achei também que ele pretendia espalhar algumas sementes de descontentamento entre aquelas pessoas. Talvez fosse me exibir sua técnica. Por enquanto, ficamos parados e observando.

— Religiosidade decorosa, como convém a pedantes seguros de si — resmungou Jack um tanto grosseiramente. Mas como ter certeza? Jack me fez notar que todos eram brancos: nenhum negro ou oriental. Fui anotando mentalmente as instruções. A atmosfera da igreja lembrou-me meu próprio funeral, mas um forte aperto no pulso afastou-me dessa tentação.

Depois nos postamos do lado de fora, já com o escudo protetor removido. Jack, sem dúvida, não era nenhum estranho no pedaço. Enquanto os fiéis se espalhavam após o serviço, alguns bebendo refrescos e petiscando biscoitos, vários homens se aproximaram para dizer alô e ser apresentados. Todos me acolheram muito bem, tanto quanto ocorreria na Terra caso eu acabasse de chegar à cidade. Pelo menos duas senhoras me convidaram para o chá depois que eu me estabelecesse. Logo iria começar um torneio de tênis. E haveria baile no clube. Eu seria recebido cordialmente em qualquer um dos eventos. Respondi o mais desembaraçadamente que minha perplexidade permitia. E

Jack, que faria agora? Era como se as pessoas procurassem conter, com ondas de carinho e sinceridade, a tendência de Jack a perturbar os outros.

O pastor apareceu, apertando a mão de Jack e depois a minha. Insistiu para que o chamasse de Teddy. Depois de se divertir um pouco com meu companheiro, voltou-se para mim e disse esperar que eu não estivesse sendo desencaminhado pelo perigoso ecumenismo de Jack. Ri e declarei que até agora não percebera nenhuma tentativa de aliciamento, mas que tão logo a notasse faria de tudo para não ser afetado. Ainda me recuperando do choque do meu próprio enterro, fiquei contente pelo fato de Teddy achar tudo divertido. Ele me assegurou de que todos ali se sentiam irmãos em Cristo: batistas, católicos, luteranos ou judeus eram bem-vindos ao culto. Acho que Jack tentara trazer alguns hindus e muçulmanos, prontamente repelidos, mas nada se disse de muito claro a respeito. Aconselharam-me a aproveitar bem meu tempo, pois agora estava no lugar certo e não havia necessidade alguma de pressa. Agradeci-lhe pela delicadeza e virei-me para Jack, farejando um adeus naquelas palavras. Ele riu e, dando uma palmada discreta no ombro de Teddy, ameaçou voltar para o torneio. Teddy esboçou um sorriso meio nervoso, pelo que pude perceber.

Saímos sem que nos detivessem. Numa curva da alameda, senti meu pulso agarrado e desaparecemos. Estávamos agora numa rua do lado errado da cidade e tivemos de nos abrigar da chuva sob um toldo. Jack não dizia nada, como se esperasse alguma pergunta. E essa pergunta foi: como conseguimos viajar assim tão velozmente? Ele explicou:

— Ora, é muito fácil. Sei como fazer isso e imponho minha vontade à sua. Se você resistisse haveria problemas; mas, como sua curiosidade ultrapassa em muito qualquer sistema residual de crenças, tudo é moleza. Além do mais, já fizemos isso quando você dormia, portanto só estou lhe refrescando a memória.

Garanti-lhe que iria tomar aquilo como uma verdade absoluta. Ótimo, disse ele. Certas pessoas o consideravam um demônio ávido por exibir seus poderes. Mas eu, Jack tinha certeza, estava pronto para novas experiências. Então eu era uma espécie de aprendiz?

— Mais ou menos — riu ele.

Levou-me em seguida a um apartamento de uma rua muito respeitável. Subimos a escada e atravessamos a porta. Digo "atravessamos", notem bem. Jack zombou de meu espanto:

— Somos fantasmas, lembra-se?

Dentro, encontramos três homens ocupados numa espécie de manipulação. Um pó branco era removido de uma lata e embrulhado em pacotinhos. Heroína, sem dúvida. Uns seis outros, em volta, observavam. Observavam? Pasmavam, seria uma palavra melhor. Como jogadores de olhos cravados no pano verde. Dois dos sujeitos que estavam junto à mesa apanharam os pacotes, colocaram-nos em sacolas de couro e se prepararam para sair. O terceiro sentou-se numa poltrona e abriu um jornal. Os observadores cruzaram a porta com os dois primeiros. Jack me fez um sinal e fomos no encalço deles. Pareciam apressados e ansiosos enquanto acompanhavam os homens que empunhavam as sacolas. Jack sussurrou que se separariam num minuto e que eu devia segui-lo. Nosso grupo dobrou à direita; os demais desceram com seu homem os degraus de uma estação de metrô. O sujeito que seguíamos entrou num carro de último tipo. Nunca reparei muito em automóveis, mas aquele era mesmo novinho em folha.

E lá fomos todos acompanhando-o, Jack e eu atrás, como juízes segurando pranchetas, os outros três na frente, atentos e sequiosos num grau que, eu logo aprenderia, só espíritos maléficos podem ostentar. Inclinando-se para o motorista como aves de rapina esfomeadas, prontas a devorar o que quer que se movesse, vigiavam a aproximação de estranhos. Murmurei para Jack:

— Isto é assustador.

Ele assentiu, como se dissesse "é melhor ir se acostumando". Paramos a alguns quarteirões de distância e estacionamos. O motorista desceu normalmente, mas o resto de nós atravessou os vidros do veículo como personagens de desenho animado. Aquele vaivém através de portas e paredes já estava ficando divertido. Apinhamo-nos num elevador e subimos ao terceiro andar. Jack e eu estávamos tão juntos dos patifes mortos que parecia incrível não podermos ser vistos. Era um luxuoso prédio de apartamentos, o lugar onde eu nunca esperaria que viciados morassem. Uma dama elegante, de uns 50 anos talvez, atendeu à porta e recolheu dois ou três pacotes, com gesto rápido e passando ao entregador um envelope. O homem prontamente se dirigiu para o elevador, seguido de dois dos patifes. O terceiro se esgueirara para dentro do apartamento durante a transação. Jack e eu ficamos parados no corredor, aguardando o que iria acontecer em seguida.

Ele perguntou se eu gostaria de entrar no apartamento. Respondi asperamente que respeitar a privacidade alheia é uma das regras tácitas da sociedade civilizada; mas, no fundo, estava achando que aquela era uma circunstância "atenuante". Jack garantiu que uma importante lição me aguardava lá dentro e que, caso eu pusesse de lado meu moralismo, aquela lição me seria de grande proveito mais tarde. Concordei e entramos. Dentro, vimos a dama fazendo seus preparativos e o obsessor ao lado, observando-a atentamente. Em poucos segundos ela injetava a solução entre os dedos do pé. Ficou imóvel por alguns instantes e depois, suspirando, deitou-se no sofá, em êxtase.

Jack debruçou-se sobre ela e murmurou:

— Olhe bem isto.

Olhei. A mulher mergulhara numa espécie de sono profundo, deixando a seringa cair no carpete. Depois de alguns segundos de completo silêncio, percebi, aturdido, uma forma vaporosa emanando do corpo estirado. Uma miragem horizontal, parecida com a mulher, flutuava diante de nós, a uns trinta centímetros de sua forma física. O obsessor não perdeu tempo e apossou-se rapidamente do corpo inerte.

— Aí está, meu caro, dois viciados num só corpo.

— Não podemos fazer nada?

— Não, nada poderá ser feito até que o tédio do comportamento repetitivo se instale. E isso às vezes leva anos. Mas não se preocupe, o morto se entediará quando o efeito passar e a mulher voltar a si. O universo é assim: todos os participantes do drama obtêm, até certo ponto, o que querem, pelo menos no momento presente. Isso não é nada bonito de se ver, mas o desejo sempre encontra meios de acomodar os que chegam. E nós temos todo o tempo do mundo para livrá-los da tentação, como dizem os cristãos. Dito isso, creio que você gostaria de voltar à sua caminhada pelo mato.

— Tudo isso parece um sonho!

Ele me agarrou o braço e regressamos num segundo. Meu banco de relva, meu canto de pássaros, meu regato musical: era como se eu nunca houvesse me afastado dali. Respirei toda aquela atmosfera.

Jack se despediu com seus modos típicos de machão, recomendando que eu não me preocupasse com nada, pois tudo eram apenas sonhos e o meu sonho do Paraíso valia tanto quanto qualquer outro. Perguntei-me o que significava esse "valia", mas limitei-me a apertar-lhe a mão. E declarei que não sabia se devia agradecer-lhe ou processá-lo por estragar minhas férias; retrucou que para ele era tudo a mesma coisa. Ficaria tão feliz em ver-me no tribunal como em qualquer outro lugar. Rimos juntos e ele se foi.

Deitei-me para descansar e refletir sobre o meu sonho do Paraíso. E refleti pelo resto da minha jornada e boa parte do que chamamos de futuro. Meus dias de aprendiz logo terminariam, com o meu sonho se mesclando ao sonho maior do viajante e guia. No entanto, à medida que minhas aventuras cresciam em sutileza e complexidade, eu continuava com a impressão de que tudo o que fazia era passar de sonho a sonho.

Terceira Parte

A Voz da Experiência

Reid e Eu

Para ser franco, apesar de um intervalo correspondente ao que na Terra seriam umas duas gerações e uma série de experiências de aprendizado profundas e divertidas, não posso honestamente afirmar com clareza se estou sonhando ou acordando. É que tudo nestes mundos se mede pela capacidade de passar de circunstância a circunstância sem muita hesitação.

Esse movimento leva a pessoa a concluir que a mudança é a única constante e que as realidades consensuais chamadas comunidades são, embora bonitas e úteis, meras paradas temporárias de descanso para as almas em trânsito.

Eu sou uma dessas almas em trânsito e, no momento, meu passatempo é atuar em parte como guia, em parte como agente de viagem. Já encarnei o bastante por enquanto e talvez para sempre — apesar, devo confessar, de algumas ofertas tentadoras vindas do plano físico.

Deste ponto em diante, tentarei esclarecer tanto o leque de minhas atividades quanto a lista de tipos de personalidades e sistemas de crenças que vou encontrando em minhas jornadas, pois nesses passeios profissionais muitíssimo divertidos tomo conhecimento de inúmeras ideias e, francamente, às vezes parece que todas as pessoas na Terra querem saber sobre a vida depois da morte. Todas. Não apenas os religiosos, os filósofos, os preguiçosos, os pais de crianças mortas subitamente, mas também os materialistas empedernidos quando esquecem um pouco seu cronograma de fusões e aquisições, e os ateus irônicos em seus momentos menos ansiosos. Assim, como agora estou vivendo aqui na qualidade de morador semipermanente, posso também dedicar parte dos meus esforços a explicar ao leitor como são as coisas. Nem todas, é claro, pois isso seria talvez ambição excessiva, mas as que bastem para mostrar a rica atividade dessas esferas iluminadas.

E como o elevador que sobe e desce entre os planos físico e astral, hoje conhecido como experiência de quase morte, se tornou um assunto muito popular nos programas de entrevistas da televisão, posso começar por um exemplo desses.

O camarada sobre quem vou falar havia comprado uma motocicleta, o que era fato corriqueiro, como corriqueiro foi o desfecho; mas, como eu estava intimamente (e karmicamente) ligado a ele, tive um palpite e lá fiquei esperando. Substituí seu guardião regular, que aproveitou a oportunidade para atender a outra tarefa, alguém com quem estava muito preocupado: uma mãe que acabara de perder a filha, atacada de meningite, e estava à beira do suicídio. Calejado como era, ele não ignorava que eu poderia cuidar muito bem de uma cena de acidente. Os acidentes são, de fato, coisa fácil. Um estrondo, uma fuga do corpo, nenhum estardalhaço e uns restos largados no chão.

Este caso era mais ou menos o que se devia esperar: um motociclista veloz, endiabrado, uma repentina chuva de verão e uma caminhonete com pneus carecas, além de muita carga na carroceria. A mulher ao volante ficou abalada, mas não ferida, e provavelmente com um sentimento entre o alívio e a culpa quando pegou o telefone celular. Mas eu não podia perder tempo: o camarada flutuava ao meu lado, a uns dez metros de altura, olhando para a massa estendida na pista. Aproximei-me.

— E agora, acredita em vida após a morte, Reid?

Ele deu uma risadinha e sacudiu os ombros, um tanto embaraçado, um tanto perplexo. Pousei-lhe a mão no ombro, como já fizera muitas vezes, durante nossas bebedeiras e antes de Veronica aparecer no palco para nos transformar no Sr. Aventureiro Sedutor e no Sr. Chato Convencional. Afastei-o da cena do acidente. Pelos ares, é claro. Os mortos sempre fazem assim, você sabe. A moto, uma bonita BMW há apenas alguns momentos, agora nem merecia uma olhada. Deus sabe quanta grana ele investira nela.

Anular-lhe o orgulho e a alegria foi mais fácil do que eu imaginava. Talvez porque ele tenha reconhecido minha voz, não sei bem, consegui penetrar as trevas de sua dor sem problemas. Não por simpatia, coisa que seu radar decerto não registrara. Mas, provavelmente, por alguma lembrança das vezes em que eu tentara forçá-lo a falar sobre o Além, quando estávamos juntos na Terra. Isso ocorreu depois que li os tais livros na faculdade; embora não me convencessem, fiz de tudo para convencê-lo. Ele, porém, sempre fora cético, às vezes me chamando zombeteiramente de fanático obsessivo, outras apenas me mandando calar a boca.

Mas agora eu estava satisfeito ao ver que aquelas sementes esquecidas haviam germinado. Isso às vezes leva tempo e precisamos chamar reforços, quase sempre encarnados afeitos a experiências fora do corpo, pois parecem ter o tipo certo de energia para a tarefa.

Conduzi-o rapidamente através dos níveis e paramos no jardim da casa de repouso mais próxima, onde o fiz sentar-se e fiquei a observá-lo com um sorriso.

— Caramba, estou mesmo morto?

— Oh, não, é apenas um sonho ruim. Logo acordará de ressaca e irá cambaleando para a cozinha, atrás de um café.

— E você será apenas uma lembrança vaga, certo?

— Certíssimo!

— Promete?

— Sem dúvida. Para você, tudo, Reid; sabe disso.

Era gostoso discutir com ele de novo. Lembrava-me os velhos tempos, antes que nuvens se acumulassem entre nós tornando-nos adultos civilizados, isto é, cheios de melindres, ocupados com a própria consciência e negócios a resolver.

Mas em vez de ir por esse caminho, com o qual de todo modo poderíamos voltar mais tarde, preferi trabalhar sua fantasia onírica, sugerindo que, para despertar de um sonho, ele antes precisava dormir. Acenei na direção do alojamento dos viajantes. Apresentando o aspecto de um restaurante bem-arrumado de beira de estrada, com mesinhas de piscina, quadras de tênis e campos de minigolfe, era muito próprio para abrigar pessoas de atitude desdenhosa que viajam para longe de casa. Reid, aceitando a sugestão, levantou-se sem necessitar de ajuda. Iniciei um passeio, achando que isso o poria mais à vontade. Nos bons tempos, sempre passeávamos; era a nossa maneira de não ligar para o mundo.

A doce atmosfera da casa não o impressionou mais que o resto. Acomodei-o num quarto do térreo, com uma bela vista para os campos que desciam até os contrafortes de umas colinas baixas e escarpadas.

Reid admirou o cenário e estendeu-se na cama. Não pude deixar de rir desse gesto de turista feliz. Via que ele não estava acreditando em nada, apenas me obedecia em tudo, rezando para que eu fosse obra de sua imaginação e para que, seguindo minhas instruções, pudesse fechar os olhos e pôr um fim à brincadeira.

Não direi que essa seja a reação normal, mas é comum. Sua atitude lembrava a de qualquer outro, aqui ou na Terra. Quanto mais experiências acumulamos, mais fácil é a nossa resposta às circunstâncias. Muitas das minhas tarefas temporárias ocorreram em casas de hóspedes desse e de outros tipos; a diferença consistia em que, agora, a alma era de um dos meus antigos ou velhos camaradas. Meu profissionalismo geralmente sereno enfrentava um desafio.

Um torvelinho de emoções conflitantes poderia ter nos tirado dos trilhos, mas garanti-lhe que eu estaria longe quando ele despertasse e deixei-o ficar ali deitado por quanto tempo quisesse.

Troquei duas palavras com um dos assistentes locais, que anotou a chegada do novo hóspede e prometeu chamar-me caso minha presença fosse requisitada. Como eu não estava em missão oficial, pois aquele era um compromisso de ordem pessoal, por assim dizer, logo desejei voltar para o meu lugar.

Às vezes caminho ou flutuo suavemente, dependendo do meu humor e da situação; naquele momento, porém, eu só queria regressar à base e recarregar a bateria. Assim, dei o fora.

A base era agora um cartão postal, uma casinha em estilo inglês um pouco maior e menos úmida que sua contrapartida terrestre, com a qual sempre sonhei: jardim mais ou menos desleixado, um fio de água melodioso e um quintal fervilhante de pássaros. Uma espécie de clichê do plano astral, sei bem, mas o que querem? A vida inteira desejei ter uma na Terra sem nunca consegui-lo. Portanto, fora com essa máscara rígida de convencionalismo!

Outrora possuí castelos, barracos e todas as variantes intermediárias. Você dirá que a assustadora e constante decadência do plano físico me levaria a criar algo de estupendamente suntuoso; mas não, contentei-me com um lugar apenas acolhedor. Uma mistura confusa de traços personalizados que não parece corresponder senão à minha própria ideia de decoração interior: tijolos de barro, painéis de cerejeira e carvalho, móveis aconchegantes. Quadros de todos os meus pintores favoritos: Bosch, Vermeer, Turner, Ernst, Duchamp,

Monet, Cézanne. Tenho também um cravo de dois teclados, pintado à mão, que mal consigo tocar — mas, que diabo, estou aprendendo!

Sentei-me diante daquela espécie de casebre e descontraí-me para relembrar a história do meu relacionamento com Reid. Devia fazê-lo, pois isso o ajudaria em muito. Como se sabe, eu estava morto há alguns anos, pelo calendário da Terra, mas nunca chegara a encarar de frente todos os problemas surgidos entre nós. Muitos recém-chegados haviam recorrido à minha assistência, amigos ou estranhos, e isso me distraíra. Tal como a velha desculpa terrestre, eu estava ocupado demais para cuidar do assunto, lamento. E quanto a Veronica?, perguntará você. Bem, falaremos disso depois.

Uma Típica História Cheia de Reviravoltas

Uma típica história cheia de reviravoltas, de fato, à maneira dos melodramas que você vê quase todas as noites na televisão. Com um risinho afetado, perguntei-me com que encarnação eu gostaria de começar. Passei em revista muitas das minhas próprias em busca das variantes kármicas, mas não com referência específica a Reid. Poderia ir ao Centro de Referências Kármicas da cidade, onde estão registrados todos os detalhes, alguns dos quais bem que gostaríamos de esquecer; mas quero descobrir até onde consigo chegar por mim mesmo, pelo menos como principiante.

Assim, lentamente, fui mergulhando no nível apropriado de consciência e deixei que as imagens assomassem. Essa prática lembra muito a meditação, pelo menos tal como eu a praticava outrora (fui um desses zen-budistas de araque). Parece que nos movemos devagar em águas tépidas e oleosas; não há muita informação, mas de algum modo chegamos lá. Não sei se me explico bem, mas por ora é o que consigo fazer.

Ah, lá estamos nós, dois irmãozinhos brincando. Que é aquilo? Sei lá, parece um celeiro em alguma parte. Quando? Pressinto que mamãe não está sabendo de nada e que se soubesse não aprovaria. Rimos e lutamos, empenhados num teste de força. Ele é maior que eu, de modo que tenho de me desdobrar. Mantém-me afastado com um braço, numa espécie de zombaria. Empurro-o e ele desaparece. Meu Deus, despencou! Olho para baixo. Sem dúvida vai cair perto de um cavalo assustadiço e ser pisoteado, arruinando assim o resto da minha vida. Saiu do corpo tão rápido que mal se deu conta;

vejo-lhe a forma astral rindo de mim, como se nada houvesse acontecido. Ainda tem ares de vencedor. Bastardo.

O resto é fácil de imaginar. Mamãe se lamentando para sempre, papai ficando sem uma boa ajuda na fazenda. Minha irmã mais nova morreu de febre no ano seguinte e só restei eu para eles atormentarem, o que fizeram com a maior desenvoltura. Dei o fora de casa aos 15 anos e me alistei no exército. Há sempre um exército por aí, alguma guerra de que possamos participar. Deixei que a camaradagem viril me convencesse de que pertencia ao grupo.

A certa altura o entusiasmo do rapaz me contagia. Até então tudo parecera um filme e pela primeira vez ele se sente realmente vivo – está no começo de uma aventura e uma garota prestimosa lhe sorri. Súbito, criando coragem, ele a beija.

A excitação se torna insuportável; ele fica acordado a noite inteira pensando na garota. De manhã, saem e ela, no cais, se despede. Ele tenta parecer durão. Meu palpite é que irá da Inglaterra para a França, a caminho da Terra Santa – mas, quem sabe? À noite sobrevém uma tempestade e seu navio afunda. O susto passa logo, sufocado por uma golfada de água do mar, e lá está ele pairando nos ares, perplexo.

Foi então que Reid me encontrou, sorrindo. Quer dizer, Reid tal como era na época. E é justamente nesse ponto que a memória falha, ou parece que falha. As duas figuras desaparecem na nebulosidade e eu fico pasmo. Bem entendido, isso não é tudo. Nunca é. Às vezes, convivemos com uma pessoa em várias existências.

Da mesma neblina emergem dois homens a cavalo. Verdadeiras fúrias galopantes, fogem de alguma coisa e têm vários acessos de riso. Vem-me à mente um exército invasor cuja arrancada eles acabam de sabotar. Num vale estreito, uma ponte queima. Quilômetros à frente, chega-se por duras sendas tortuosas a uma aldeia apinhada de mulheres e crianças. Todos celebram como se fossem primos ou parentes próximos. Parecem bandidos ou, pelo menos, pessoas rebeladas contra uma autoridade central tirânica. Alá é invocado e, obviamente, reverenciado. Serão curdos? Afegãos? Graças a Alá, as lealdades tribais permanecem intactas.

Outra cena se desdobra, ocorrida anos depois talvez: a febre contaminou a aldeia, dizimando-a e dando cabo principalmente das mulheres. Reid e eu perdemos as nossas. Grande tristeza. Depois de mais ou menos um ano, está claro que os homens jovens já não têm escolha. Partimos numa expedição à caça de esposas. O empreendimento é um sucesso e regressamos, depois de muitas e delicadas negociações com velhinhos desconfiados, mas coniventes, trazendo a tiracolo várias moças de uma tribo vizinha (instalada a não mais que uns cento e poucos quilômetros). Lá, a visita recente de um exército imperial, com seus recrutadores persuasivos, deixou o local na maior penúria de rapazes.

Infelizmente, Reid e eu nos apaixonamos pela mesma garota. Embora se casasse com ela e tivessem filhos, a jovem e eu passamos a vida inteira fascinados um pelo outro. Ambos aprendemos a ler com uma espécie de professor itinerante, enquanto Reid continuava sendo o mesmo caçador e provedor intrépido de sempre. A tensão se agravou quando minha esposa faleceu de parto e meu filho de 2 anos se apegou à dele, a qual, sendo legítima antecessora de Veronica, teve um filho meu logo em seguida.

Comecei a ler bastante e passava boa parte do tempo em minha tenda, estudando. A tribo parecia aceitar aquela partilha de esposa e a vida foi em frente, eu atuando como o contador de histórias/sacerdote da aldeia, Reid como o confiável abastecedor do lar.

Sempre temerário, numa expedição ele se separou do resto de nós e, ousando mais do que podia, acabou apanhado e estripado. Não é uma cena bonita e pergunto-me por que insisto em contemplá-la. Felizmente, não por muito tempo, pois recebo uma chamada. Chamada telepática, é claro, como são quase todas por aqui. Rapidamente saio do estado meditativo e me preparo para responder. Em vez de uma voz soando aos meus ouvidos, como aconteceria na Terra, uma imagem se forma em minha mente.

Receber "uma chamada" é, aqui, pior do que aí. Na Terra, bipes e aparelhos de telefone mantêm você a certa distância. Aqui, tudo é praticamente instantâneo. Amigos e colegas sabem qual é o nosso comprimento de onda e não hesitam em usá-lo. Os encarnados de que cuidamos não têm consciência disso, mas nós estamos em sintonia com eles e sabemos há muito distinguir um sinal de tristeza de um sinal de, digamos, alegria ou perplexidade, mais ou menos como uma mãe que acorda ao ouvir os murmúrios de desconforto do seu bebê.

Atendimento

Desta vez é uma de minhas protegidas deprimidas, que parece na iminência de cortar os pulsos no banheiro. Corro para lá e fico atrás dela, que vai mastigando morosamente sua torrada matinal. Rumina a traição do marido e depois a morte do filho. Com o marido, vá lá: nunca fora mesmo digno de crédito e ela já o conhecera de outros carnavais. Mas o filho... era tudo para ela, sua vida mesmo, embora ele não soubesse disso antes de sua morte.

Tento influenciar seus pensamentos sugerindo, em primeiro lugar, um pouco de geleia na torrada. Sugestão inútil? Ora, estou atuando localmente enquanto penso globalmente! Ela afasta a cadeira e, como um robô, vai até o armário em busca do pote. Fico surpreso: parecia tão focada no ato! Talvez eu consiga dissuadi-la. A meu ver, ela irá cumprir suas tarefas domésticas da manhã e, sempre boa dona de casa, morrerá num ambiente limpo. Limpo, creio que já está. Mas nunca fui muito bom observador dessas coisas.

Volto imediatamente ao plano astral e vou até onde seu filho agora reside. É um nível intermediário, para quem ainda está em transição — e não muito longe, na verdade, do local onde Reid agora descansa. Mas, enquanto a casa de hóspedes de Reid lembra as hospedarias do interior que ele frequentava durante seus passeios de bicicleta, o garoto está aos cuidados de uns conhecidos meus que costumam se encarregar de adolescentes rebeldes, pois sua residência tem o aspecto urbano decadente que tanto fascina os jovens frequentadores de baladas. Na Terra, ele era o carinha comum cheio de hormônios e irrequieto, nem bom nem mau, apenas obcecado com aquela fase da sua vida. Hoje sente remorsos e procura refletir sobre os motivos do seu comportamento. Encontro-o lendo no jardim. Já é um passo à frente.

Em poucas palavras conto-lhe o drama em curso, achando que a urgência da situação talvez possa se beneficiar de seus remorsos. E é o que acontece. Agrada-lhe supor que possa ajudar. Que lhe seja permitido socorrer alguém. Como recém-chegado, não pode distinguir o sofrimento da mãe do seu próprio senso de futilidade e parece realmente chocado com as notícias. Nota-se aí, é claro, a auto-obsessão típica da fase adolescente. Transferir o fardo da sua confusão do plano físico para o plano astral não o alivia em nada.

Ele se vale da segurança da minha experiência, mudamos de nível e chegamos à cozinha. Fica logo comovido e corre para junto da mãe, agora ocupada um tanto displicentemente em lavar a louça. Se eu não estivesse tão acostumado a essas cenas, acharia doloroso ver as tentativas angustiadas do rapaz para consolá-la. Ele gira em volta da infeliz, procurando desesperadamente fazer contato. Noto que o torvelinho de suas emoções apenas atrapalha as coisas e puxo-o para um canto, onde tento acalmá-lo e convencê-lo a juntar-se a mim para, juntos, projetarmos pensamentos de amor e serenidade na direção da mãe, que agora se ocupa em limpar o chão.

Nossos esforços combinados conseguem tudo, menos o efeito pretendido. A mulher interrompe a faxina e volta a chorar, evocando, pelo que pude perceber, algum momento feliz da infância do garoto. Conduzo-o para a sala e procuro explicar-lhe a situação. A princípio, parece animado ante a perspectiva de uma reunião iminente. Com prudência, evito aludir ao risco de se querer compartilhar desgraças e observo que talvez as coisas não sejam tão simples assim, que o pessimismo pode interpor uma barreira ainda mais impenetrável que a existente entre os planos astral e físico. Mas minhas palavras não são ouvidas.

A casa tem uma atmosfera pesada, densa, que começo a achar bem desagradável. O garoto, no entanto, continua aparentemente feliz. Deus me perdoe, mas para ele seria fácil passar por cima dos problemas e ter uma existência mais amena. Por que a mãe não se junta logo ao filho, se está se sentindo tão insignificante? Que mais, com os diabos, eu poderia dizer ao garoto? Esses rapazolas não respeitam ninguém hoje em dia.

Mudo de assunto e pergunto sobre seus avós. Sim, dois deles estão mortos. É justamente disso que precisamos; sorrio, esperando que não sejam alcoólatras como os dois últimos a quem tentei recorrer. Caramba, não consegui sequer tirá-los do boteco onde estavam à espreita, com um bando de pretensos amigos, esperando algum encarnado bêbado sair da concha para eles entrarem e absorverem a intoxicação. Tudo é muito triste e patético, mas ao mesmo tempo indiscutivelmente engraçado quando conseguimos nos desligar.

Deixei o garoto sentado no sofá, corri de volta ao plano astral e fiz uma chamada. Há por aqui, é claro, vovozinhas que se parecem muito com certas vovozinhas da Terra. Uma senhora até bonita, de idade indeterminada, aproximou-se. De novo, telepatia à maneira de uma ligação telefônica. No começo parece magia, mas, depois de certo tempo, passa a ser comum, tão comum quanto telefonar na Terra.

A mulher me conta que gastou uma boa dose de energia tentando animar a filha, mas desistiu. Ela pergunta, num leve tom de acusação, por que ainda não percebi isso, se pareço um cara tão esperto. Na verdade cheguei à mesma conclusão que ela, mas procurei uma abordagem mais positiva. Sua aura emite displicência, egoísmo e inveja misturada com raiva: eu devia, isso sim, conhecer melhor as coisas.

A velhota desaparece e eu volto à casa em tempo de ver a água do chuveiro escorrendo. Não posso acreditar que o rapaz deseje assistir à cena, mas ele quer e sem muita emoção. A mãe faz o corte usual no pulso e logo vemos a água tingir-se de vermelho. A avidez do interesse do filho faz-me refletir sobre o número de filmes de terror que ele degustou e o efeito hipnótico das baixas vibrações astrais.

Como era de se esperar, enquanto ela se esvai, uma turba de candidatos a demônios aparece, faminta por carne fresca. A atmosfera negativa, depressiva, os atrai como moscas. Pulam e se arrastam como um bando de garotos de 10 anos que se atiram sobre um monte de calcinhas para acariciá-las. Suas roupas são esfarrapadas, seus modos revoltantes. Assusto-os com um facho de luz branca. É um truque fácil quando se tem o macete e, devo dizer, funciona como um passe de mágica todas as vezes. Também impressiona o rapaz, que logo quer saber como fiz aquilo.

Pô meu! "Como fez isso?" parece um tanto inconveniente no contexto, ali bem diante da mãe moribunda, mas adolescentes são assim mesmo. Apenas mudar de plano não melhora a inteligência de ninguém, todos sabemos disso, e o truísmo se aplica igualmente ao gosto e às maneiras. Nem sempre nos deparamos com o melhor tipo de pessoa nessa linha de trabalho, eis a pura verdade.

Prometo explicar depois e ficamos observando a forma astral da mulher surgir acima da sua carne murcha. Ainda está deprimida, mas a excitação do filho logo a coloca num nível onde posso trabalhar com ela. Assisto à estranha reunião tomado de emoções desencontradas.

Não é nada profissional, para mim, ceder às emoções. Minhas tarefas geralmente exigem o tato e as boas maneiras de um mestre de etiqueta, capaz de enfrentar todas as situações sem perder a pose. Em meio a lágrimas de alegria e risos, coisa muito estranha diante de um cadáver ainda quente, vou fazendo meu trabalho.

Usando o bom e velho método que minimiza as paradas indesejáveis ao longo do caminho no astral inferior, voltamos à residência provisória do garoto. Para eles, era sem dúvida o lugar ideal no momento. Bob e Carole nos recebem em seu jardim florido, no qual, enquanto cuidam das rosas, três rapazes lhes fazem serenata com suas guitarras acústicas. Bob nos dá as boas-vindas sorrindo e posso sentir que está feliz por ainda não ter ouvido falar em eletricidade no Além. Haverá muito tempo para isso, parece pensar.

Mãe e filho permanecem timidamente à parte, colados um ao outro, enquanto faço os preparativos necessários. O local é destinado a suicidas e adolescentes surpreendidos por morte súbita, mas Bob e Carole sempre mantêm dois quartos de reserva para parentes. E esses quartos agora estão desocupados. Carole sente o drama e os convida para um chá. A mãe recém-falecida não parece achar absurdo esse convite repentino, pois sua transição foi simples.

Não me admira que o suicídio fosse tão condenado nos tempos antigos. Ninguém permaneceria no plano físico se soubesse como é bom ir para o Céu. Sim, o medo da danação eterna tinha lá sua finalidade.

Converso um pouco com Bob enquanto ouço polidamente os sons agudos das guitarras. Como todos os jovens em toda parte, os rapazes querem aprovação. E quem sabe se justamente a falta de aprovação dos seus pais não foi o que lhes causou em grande parte a desgraça?

Ah, a vida! Que grande experiência em termos de forma e expressão!

Dou uma escapada informal, como desculpa para atender outros deveres urgentes. Os jovens acenam, compreendendo, e Bob faz uma careta. Sem dúvida, adivinhou meu plano.

Pequena e Grande "Viagem"

Volto ao meu pedaço e por lá fico, sem esquentar muito a cabeça, junto ao regato que dá vida ao que vocês aí chamariam de meu quintal. E de fato, para ser franco, ele não é muito diferente dos quintais do interior constituídos por alguns acres de mato bravo, barrancos e córregos que pude notar em algumas de minhas visitas à Terra, nos últimos anos.

A antiga tendência, tão comum durante minha última estadia, a igualar tudo em nome do progresso, da democracia e do lucro parece ter sido superada pelo desejo de comunhão com a natureza. Encostado ao tronco de uma árvore, banho-me na atmosfera dos murmúrios, dos sussurros, das carícias.

Imagine seu parque favorito numa agradável manhã de domingo, quando suas preocupações diárias parecem perder importância e seu rosto se aquece ao sol do verão. E imagine também, se puder, esse suave prazer amplificado num êxtase sereno e duradouro. Não se acanhe de pensar na descontração pós-orgástica, pois essa imagem sem dúvida transmite, ao menos em parte, a sensação incomparável a que me refiro.

Rodeado de formas sensíveis que sussurram e zumbem, desligo-me e suspendo toda a atividade. Deleite puro, nem é preciso dizer. Os encarnados que alguma vez ingeriram o cogumelo mágico podem sorrir quando falo em zumbidos e sussurros, pois esse é mesmo um dos efeitos da droga.

Tive a oportunidade de experimentar o cogumelo em meu último ano de "vida", durante uma visita à Califórnia, onde fui ver de perto o que seria a tal cultura *beat*. Veronica correra outra vez para os braços de Reid, pois tudo estava lhe parecendo careta demais, e eu buscara o Oeste na tentativa desesperada de provar-me que não era um sujeito tão chato assim. Num clube no qual se tocava um pouco de jazz da Costa Oeste, encontrei um sujeito que, farejando em mim o peregrino incipiente sob a máscara do contador maduro metido numa aventura maluca, acolheu-me sob suas asas. Uma semana depois, ao abrigo dos gigantescos bosques do norte do Estado, degustei a transcendência proporcionada pelo cogumelo.

Mais tarde afirmei que a floresta realmente "conversara comigo" e que discutimos a noção cristã de "falar línguas estranhas". Mas só depois de morrer, ainda naquele ano, e provar dos frutos do astral é que comecei a perceber a ligação. Certos compostos psicoativos elevam a consciência humana do físico aos limites do astral ou talvez apenas eliminem os filtros que mantêm o universo vibrante isolado. Mas não vá dizer isso a ninguém, do contrário será castigado por promover o uso de drogas entre os mais jovens e impressionáveis.

A Mediunidade Vista Daqui

Desde que "morri", em 1963, houve um aumento do interesse pelas coisas espirituais, sobretudo a canalização. No século anterior, dizia-se mediunidade ou espiritualismo e foi desse assunto que procurei me inteirar durante duas férias de verão. Face a muita "charlatanice", a mediunidade caíra um pouco em descrédito no período do pós-guerra e devo admitir que nunca dei bola para o caso até minha irmã Ann perder a "vida" depois de uma série de inesperados ataques cardíacos. Contava apenas alguns meses de idade e achei que Deus deveria ter suas razões para privar meus pais de tamanha alegria. Mamãe ficou acabada, embora só se percebesse isso por trás da muralha do seu orgulho e dignidade. A meu ver, aquilo era o mesmo que perder o melhor amigo, por mais estúpida que essa ideia possa parecer agora. Anos depois, murmurava seu nome sob as cobertas, convencido de que faríamos uma dupla bem melhor do que Veronica e eu. Mas só quando cheguei ao mundo espiritual, com seu cenário bem mais vasto, é que compreendi plenamente a profundidade do enigma, para não falar do meu comportamento bizarro. Éramos, com efeito, uma típica família reprimida e excêntrica do Norte.

Hoje, é claro, sei que ela apenas tirou o casaco e tomou o elevador para o andar de cima no grande shopping da vida; mas, na época, torcia o nariz para respostas tão simples. Com os diabos, eram simples demais e não aliviavam em nada o meu sofrimento. Ela até me aparecia em sonhos e me dizia exatamente isso. Eu acordava admirado por tê-la visto tão radiante e jovial, mais sábia do que se espera de uma criança das mais bem-dotadas. E, pelo resto do dia, eu tentava esquecer tudo.

Ela se sentia feliz porque estava aqui. E agora, que também já ando por estas bandas há algum tempo, não posso censurá-la. Os Campos Elísios não têm comparação.

Mas onde está ela agora?, perguntam vocês. Pois saibam que ela se prepara para renascer. Deixou há pouco este plano, despiu a personalidade de Phoebe, e sobe as esferas rumo à divindade, ao absoluto, ao vazio indiferenciado, como quer que a tradição de vocês queira chamá-lo.

Ela quer ser um bebê de novo. Por Deus, não invejo sua tarefa, mas ela está determinada a prestar serviços e dificilmente se encontraria algo de errado aí. Só achei que era cedo demais, que ela necessitava de mais tempo para digerir e refletir. De mais tempo? Ela riu. Tinha razão, eu estava dizendo besteiras. Além disso, sua missão seria curta.

Na verdade, ela é neste instante um feto a flutuar para dentro e para fora do ventre que escolheu. Inseminação artificial e não os genes preferidos. Mas é pegar ou largar. As mulheres de quem vai nascer são amigas de outras épocas. Um dos seus guardiões lhe fez a proposta: encarnar por um curto período a fim de livrá-las do materialismo. Não seria muita coisa, prosseguiu o guardião, apenas uns meses de amamentação, de regurgitação, e ei-la de volta aqui num piscar de olhos. Eu estava morto há tempo demais para saber o que era uma feminista separatista, mas, aparentemente, essas senhoras são uma mistura de sufragistas mortas e soldados da Segunda Guerra Mundial, prontas para livrar o planeta de industriais e homens poderosos.

Boa sorte a todas elas, que obtenham sucesso! Para mim, parece mais uma aventura arriscada. Mas, aconteça o que acontecer, estarei aqui quando ela voltar. Isso é amor. No meu primeiro dia de morto, Ann me enganou sob a aparência da bela Phoebe e fez-me implorar insistentemente um encontro antes de consentir. Isso também é amor.

Afastei-me um pouco do assunto, que é a mediunidade vista daqui. Bem, parece uma luz errante que, seguida até a sua fonte, revela-se atributo de um ser humano profundamente contemplativo ou meditativo, inspirado pelo desejo de iluminação.

Um dos melhores psicógrafos que conheço é Audrey, que tem o seguinte perfil socioeconômico: mulher divorciada com dois filhos ainda na adolescência, morando precariamente com eles numa cidadezinha do Oregon. Além de

Massagista talentosa e prestimosa, pertence a uma irmandade de autodenominadas bruxas, que se especializaram em algum tipo de ritual de cura.

Começou a psicografar mais por capricho e seu guardião oficial, um velho amigo meu que prefere ser chamado de Farley, sem nenhuma inclinação filosófica, contou-me o caso. Eu, sendo um desses sujeitos arrogantes que acham não haver mais segredos a desvendar no universo, considerei a oferta irrecusável. Caramba, passei anos no plano mental convivendo com gente da pesada e já absorvi quantidade suficiente desse rico maná para pôr mãos à obra!

Eis como começamos o trabalho. Audrey, após dez minutos de meditação, sentava-se diante da TV com o som desligado, lápis e papel na mão. Em seguida, fazia uma pergunta a que eu, a seu lado tanto no espaço quanto em espírito, respondia imediatamente. Sua maior surpresa, penso, era a rapidez da minha resposta. Ela levou meses para se acostumar.

De que modo, realmente, se estabelece o consenso?

Pela concordância tácita entre os participantes.

Isso é verdadeiro em todos os níveis?

Em todos os níveis da forma. Nos mundos sem forma que estão além, parece impossível distinguir o criador da criatura, de modo que, embora a mesma verdade prevaleça, não se pode verificá-la.

Em que nível de consciência ocorre a concordância tácita?

No supraconsciente do eu superior.

Há alguma razão para esse ser o nível usado?

Sim. Nele, todos os seres sensíveis podem se comunicar de imediato através de quaisquer barreiras de espécie ou cultura. Nesse nível o consenso é mantido sem perturbar o livre-arbítrio e a evolução natural tanto do corpo quanto da alma.

Então o eu superior percebe a utilidade de alimentar essas ilusões coletivas e permite que a alma submerja nelas?

Sem dúvida. É como se mergulhássemos em águas profundas para descobrir se conseguimos flutuar.

Enquanto ela fixava as imagens que se moviam entre as perguntas, decorria mais de uma hora. E à medida que as dúvidas diminuíam, nossos esforços iam lográndo sucesso.

Farley geralmente fica de olho quando me ponho a trabalhar. Você se espantaria com a quantidade de intrusos que aparecem e tentam se meter no negócio sem ter nada a oferecer. Pode-se pedir, implorar: eles pouco ou nada conseguem fazer para aliviar os sofrimentos da humanidade. Isso ocorre, em parte, porque eles próprios insistem em sofrer. Não se enganem, esses sujeitos vão sempre bater no peito ao menor indício de que alguém lhes está dando atenção. Criaturas patéticas do astral, sem dúvida, mas que devem ser postas para correr a bengaladas, se é que me entendem.

Seja como for, esse é o trabalho de Farley. Eu fico com a comunicação. Podem crer, os tais sujeitos não são em nada diferentes dos bêbados e mendigos que vejo nos buracos de suas grandes cidades, incapazes de manter o verniz de civilidade por mais de uns poucos segundos. Quando não são atendidos, viram feras.

Numa recente visita, enquanto Farley mantinha a turba a distância, transmiti o seguinte:

Entre Vidas nos Mundos sem Forma

Residir na luz do eu superior, esse oceano indistinto de serenidade que lembra uma bolha num vasto oceano, é uma bem-aventurança impossível de descrever. Banhamo-nos em suas vibrações sublimes por toda a eternidade, sabendo que apenas existir já basta.

Entretanto, cansamo-nos da inatividade, de sermos um universo em potencial, sempre nos preparando para novos aspectos da perfeição. Ansiamos por um conhecimento melhor de nós mesmos. Assim, como banhistas entediados numa perfeita tarde de sol, escapamos a este Paraíso e buscamos uma nova encarnação onde, outra vez, a forma nos ensejará inúmeras oportunidades de agir e o ego nos garantirá importância e significação.

Essas palavras apareceram na página escrita tais quais as comuniquei, o que constituiu um verdadeiro êxito porque, em nossos primeiros contatos, ela às vezes confundia as coisas e eu achava que a culpa era minha.

De qualquer maneira, o texto foi logo depois publicado em seu boletim mensal, sob o pseudônimo de "Solana".

Fiquei contente com o sucesso dessas transmissões curtas e impus-me uma tarefa mais complicada: narrar uma história de crime do ponto de vista do plano em que estou. Para tanto, recorri ao melhor do meu talento literário.

Não pergunte como ela sabe. Ela não sabe nada nem sequer a respeito de si mesma. Só sabe que sabe.

Não há dúvida, disso ela tem certeza. Ela aguarda seu destino com uma paciência que nunca experimentou antes. Era apenas uma garotinha normal, com uma ponta de rebeldia, que experimentava os cosméticos da mãe trancada no banheiro.

Estive com ela diversas vezes nas últimas semanas. Observando e aguardando, cantarolando uma musiquinha. Foi um de meus poucos casos em que a percepção da alma penetrou a atividade do ego. Em geral, as pessoas se envolvem a tal ponto em suas aventuras que, quando a mão aparente do destino faz o que tem de fazer, seu ego resiste e se revolta.

Ela é, devo dizer, uma espécie de velha alma sábia num corpo de 12 anos, o que explica muita coisa. Entrou nesta vida com certas responsabilidades kármicas, como todos nós. Uma delas era aceitar sacrifícios. Outra, iluminar com sua luz as trevas de alguém. A terceira, impulsionar as almas de seus pais, desejosas de fugir à trilha convencional que haviam escavado em vidas anteriores.

Fui um dos que a aconselharam antes do nascimento. Ainda não tinha grande experiência nisso na época e, na verdade, pouco mais fiz que ouvir e aprender. Mesmo assim, em seu décimo ano pelo calendário da Terra, fui encarregado por Elise, seu espírito guardião, de assumir as rédeas. Ela garantiu que eu estava pronto.

Contatei a garota no mundo onírico. Ela me viu como um anjo da guarda radioso e julguei melhor não decepcioná-la. Aquilo que convém aos encarnados é a palavra de ordem. Os pais, que obviamente também precisavam de ajuda, viram-me como um consultor financeiro de óculos e tímido, não muito diferente do contador sem graça que eu fora.

Em resumo, lembrei-lhes o caráter passageiro da tragédia que se avizinhava e até que ponto eles eram responsáveis por ela. De um modo geral, nesses casos, segundo vim a descobrir com a experiência, os encarnados não conseguem lembrar-se das discussões que travaram conosco noite após noite. Alguns se mostram estranhamente vagos e distraídos. Mas a garota prometia. Graças a muitos esforços em outras encarnações, o vínculo entre alma e ego fora fortalecido e alguma informação se conservara.

Sintonizei-me com seus pensamentos durante o dia e pude ver que ela se preocupava com sua moralidade, embora de uma maneira convencionalmente religiosa. Alma alegre e afável que era, o plano consistia em pô-la em contato com um sádico de longa data para ver se sua luz conseguiria melhorar a vibração do patife.

Infrator contumaz, digamos assim, com uma família tenebrosa e um pesado fardo kármico, ele se mudara para perto dela depois de uma batalha judicial por custódia que descobrira cicatrizes do corpo e da alma. Uma sanha secular de vingança brotou nele de novo. Isso lhe vinha tão pontualmente quanto a graça para os devotos religiosos. Moscas no açúcar, etc., etc.

Ele e a garota já tinham sido, aparentemente, inimigos e rivais no passado. Digo "aparentemente" porque não chequei os detalhes, apenas recebi a informação de Elise quando ela, por assim dizer, me passou o arquivo.

Rick, como devemos chamá-lo aqui, frequentava bares após o expediente para cantar as mulheres solitárias que frequentam esses antros. Um certo charme lhe garantia os favores sexuais delas, mas sua agressividade inata e sua vontade de mandar logo as espantavam. O vício de beber também não tardou a atrair o bando usual de desencarnados sedentos, ávidos por apossar-se do seu corpo quando ele apagava.

Observá-los, como eu fazia às vezes, não era diferente de ver um bando de pombos disputando batatas fritas num estacionamento de shopping. Encostei-me a um deles e, embora enojado com sua sujeira espiritual, pude sentir o prazer intenso que o sujeito sentia ao absorver as vibrações alcoólicas. Só posso compará-lo a um mendigo emporcalhado que há muito tempo não toma um bom banho quente.

O mais teimoso dos desencarnados era também um agressivo psicopata de carreira que cedeu logo às suas tendências vingativas, saudando com alegria as brigas e discussões que porventura viesse a enfrentar.

Depois de uma bebedeira descomedida, isso serviu de desculpa para um cavalheiro se sentir à vontade no corpo do hospedeiro e não arredar o pé dali depois do "apagão". O hospedeiro, é claro, não percebeu nada, pois os gostos de um e outro na vida eram mais ou menos os mesmos.

Semelhante coexistência no plano terrestre é bastante comum. E às vezes pode até ser considerada benigna. Sem dúvida retarda a evolução das almas envolvidas, mas, no fim das contas, não provoca grande dano. Aquela dupla, porém, iria se revelar mais explosiva e, com perdão da palavra, mais criativa do que qualquer outra com quem eu já tenha me envolvido.

Aqui termina a primeira parte do texto sobre mediunidade. Foi publicada tal qual. Infelizmente, outra jovem foi do mesmo modo despachada na semana seguinte a cerca de setenta quilômetros dali e os editores acharam prudente reter o número seguinte, temendo que fundamentalistas ávidos por crime e castigo deitassem e rolassem com a notícia. O caso muito comentado, mas não solucionado, de uma clínica de abortos lançara uma sombra sobre o idealismo da nova geração.

Eis o segundo número planejado:

Escrevo tendo, ao meu lado, a garota "assassinada". Ela manda lembranças, sorrindo, a todos os que na Terra a lamentam e pede a vocês que dominem a dor porque a dor bloqueia o caminho do progresso dela como as nuvens bloqueiam o Sol, embora compreenda e os perdoe caso o não consigam.

Encontrei-a no momento em que abandonava o corpo físico. Seu algoz jaz lá embaixo, já sem raiva e tomado de remorsos. Amparo nos braços uma criança chorosa e contemplo aquela devastação ilusória. Tenho trabalhado nesse tipo de transição há tempo demais para saber que o medo e a violência da Terra não mais me devem afetar – mas, às vezes, fico abalado. Eu, mais que ninguém, devia compreender que as tragédias conduzem à vida eterna, mas acabo caindo em transe; assim, por mim mesmo e pela pessoa de quem me encarrego, vou para uma área de recepção que minha companheira descreverá assim:

"Era o lugar mais bonito que eu já vira, superando até as Bahamas, que eu julgava até então o máximo. Tudo brilhava como se tivesse luzinhas por dentro, mesmo as pessoas. Uma senhora amável levou-me ao meu quarto, falando-me sobre a vida e o hotel. Era um hotel especial para crianças, no qual se podia levantar a qualquer hora e comer o que se quisesse, até chicletes. Olhando pela janela, pude ver um monte de crianças de todas as partes do mundo, brincando na piscina e no jardim próximos.

Ela em seguida me mostrou o guarda-roupa, cheio de trajes de festa, sapatos, camisetas e acessórios realmente 'bacanas'. Disse que no outro dia à noite haveria uma festança para comemorar o aniversário de alguém. Perguntei se eu fora convidada e ela respondeu que sim.

Instigou-me a experimentar a cama; por que não? A coisa mais macia que eu já vira. Tão logo me estirei, senti-me sonolenta. Em geral, posso ficar a noite inteira sentada vendo televisão, mas ali tudo era diferente. A mulher se deitou ao meu lado e ficamos conversando sobre uma infinidade de assuntos. Perguntei sobre minha mãe e meu pai. Parece que poderíamos ir visitá-los mais tarde. Confessei à mulher que sempre tomava algo antes de ir para a cama e ela indagou se leite com chocolate cairia bem. Certamente. Ela então saiu para buscar a bebida. Mas eu já estava dormindo quando voltou. Aquela cama era mágica! Sei disso porque o copo de leite com chocolate ainda estava lá quando acordei.

O dia seguinte foi cheio. Acho que nunca me diverti tanto. Fiz muitos amigos novos em pouquíssimo tempo e dois rapazes me convidaram a ir à festa com eles. Peter, esse eu encontrei junto à piscina. Morara em Boston antes de lhe aparecer aquele tumor no cérebro, segundo ele grande como uma maçã. Acreditei; com um menino de minha escola acontecera o mesmo e ele morrera também. Andy, ao lanche, passando o suco e a pipoca, perguntou-me de onde eu era. Sofrera um acidente de carro junto com o avô, em algum lugar de Connecticut. Resumindo, fomos todos juntos à festa e dançamos a noite inteira. Aqui, nunca nos cansamos.

Quando voltei ao quarto para me trocar e talvez ver um filme (havia uma prateleira toda à minha escolha), Henry, que ainda agora está ao meu lado, entrou e propôs que, se eu estivesse disposta, fôssemos visitar meu pessoal.

Conversamos um pouco antes de partir. Explicou-me que aquelas pessoas poderiam ficar tão excitadas ao me ver que desapareceriam e voltariam aos seus corpos; mas que eu não me chateasse, pois iríamos visitá-las outra vez quando estivessem dormindo.

Flutuamos por minha antiga vizinhança, só para sentir o clima, e Henry em seguida se pôs à frente para de algum modo chamar a atenção dos meus pais. Esperei no fundo do jardim, junto ao balanço que papai construíra para mim quando eu era bem pequena e que agora meu irmãozinho usava. Engraçado, com toda aquela excitação eu me esquecera dele! De repente me senti um pouco mal, mas que importância tem uma garota de 11 anos para um garoto de 3? Sei que isso parece horrível, mas nós vivíamos vidas diferentes, isso é tudo.

Papai e mamãe não pareciam ter mudado. E como ficaram felizes por me ver! Abraços que não acabavam mais! Mamãe gaguejou algo como: 'Eu sabia, eu sabia! Não lhe disse, Dan?!' Ele estava um pouco envergonhado, mas sem dúvida muito feliz. Mamãe me apertava entre os braços, chorava e ria ao mesmo tempo. Henry permaneceu ao lado de papai e lançou como que um fulgor à sua volta. Não sei como fez aquilo, mas eu podia ver o brilho por cima do ombro de mamãe. Depois, Henry me disse que tentara dissipar, com sentimentos de perdão, a nuvem de ódio que papai sentia pelo meu agressor.

Segundo advertira Henry, eles achariam difícil entender que eu estava morta ao me ver daquele jeito e percebi bem o sentido de suas palavras porque eu mesma não o entendia facilmente. Sentia-me mais viva do que nunca, feliz, plena. Muito diferente do que as pessoas imaginam que os mortos sejam. Mamãe e papai pareciam crianças que precisam ser acalmadas.

Seja como for, conversamos longamente. Contei-lhes tudo sobre o hotel, sobre as crianças lá hospedadas, e como estava me divertindo. Quando chegou a hora de partir, achei que mamãe não me largaria. Papai precisou puxar-lhe com força. Henry garantiu que poderíamos nos encontrar de novo em breve e insistiu para que disséssemos 'até logo', não 'adeus'."

A última parte do comunicado foi partilhada apenas com o coven de feiticeiras brancas de Audrey. O plano era publicá-lo mais tarde, numa data mais discreta. Nenhum dos seus colegas pareceu muito surpreso com as revelações. Era como pregar para convertidos. Sem dúvida, existem pequenos grupos de almas pelo mundo afora que compreendem as causas kármicas das tragédias, tanto quanto a grande discrepância entre os atos de uma alma e a reação que provocam no ego. Nós, do lado de cá, gostaríamos muito que esses grupos fossem maiores e mais influentes.

Voltei com a garota para o hotel das crianças, onde, a despeito das inúmeras e divertidas atividades, ela avisou que preferia dormir. Não vi motivos para dissuadi-la e, desejando-lhe bom descanso (numa cama especial daquela, era sem dúvida o que teria), encenei uma partida teatral, fazendo-a rir.

O sucesso da aventura me animou. Depois de contar a Meryl que ela estava dormindo — Meryl já a apresentara no local e iria, como vocês dizem na Terra, ficar de olho nela —, decidi sair para uma de minhas aventurazinhas noturnas.

Bêbados Mortos

Seria por volta de meia-noite na Costa Oeste, de modo que fui em frente, fazendo uma parada nas Rochosas para apreciar o panorama, sem mencionar a companhia dos grandes devas que pululam como galinhas naquela nobre cadeia de montanhas.

Personalidades interessantes, os devas: nós, propriamente, não nos comunicamos com eles, banhamo-nos neles. O que de certo modo não difere muito de uma cidade, a mais humana das habitações.

Fui para Seattle, onde fiquei subindo e descendo as ruas laterais só por diversão. Aquelas vizinhanças decadentes eram bastante propícias para o tipo de resgate de alma que eu planejava. Os caras que encontramos estão tão cheios de álcool e drogas, além de medo e ignorância, que pouco ou nada podemos fazer para facilitar-lhes a passagem. Uma vida inteira de autocomplacência obsessiva geralmente os torna impermeáveis a quaisquer vibrações que não sejam as mais baixas. Mas, de vez em quando, uma alma jovem à beira da ruína pode ser encaminhada para uma nova direção.

Notei o rapaz bêbado tropeçando para fora de um bar rumo a uma viela escura, onde quase imediatamente foi cercado por outros dois homens um pouco mais sóbrios que roubaram o que lhe restava de dinheiro. O golpe na cabeça teve êxito brutal e instantâneo, a tal ponto que, enquanto seu eu físico jazia estirado na calçada, o astral continuou a agir numa imitação perfeita do seu equivalente de carne e osso.

Tentei o "Ei, cara, você já era!" de praxe em vários tons, infelizmente sem grande efeito. Isso quase nunca funciona, mas não custa nada tentar. E, como se diz na Terra, onde há vida há esperança. O que ele ouviu foram apenas alguns rosnados, as palavras mesmo não penetraram em sua consciência.

Meu esforço seguinte consistiu em personificar uma prostituta amável. Já fui cortesã duas vezes (Roma imperial e Veneza renascentista) e tratar bem sexualmente os homens é fácil para mim. Sejamos francos: é um ato como outro qualquer.

Apareci sob a forma de uma sensual garota de programa, mais glamourosa, sem dúvida, que a média das redondezas, onde as prostitutas viciadas rondam à cata de outra cheirada.

Dessa vez fiz com que me visse e não apenas me ouvisse. Pensando estar ainda vivo e bêbado, ele agia como se seus atos tivessem algum sentido. Sorri e perguntei-lhe se precisava de um lugar para passar a noite. Não falei em dinheiro; ele não acreditaria em tamanha sorte.

Numa quadra vazia simulei a forma-pensamento de uma casa bem velha, com uma varanda meio arruinada e venezianas em petição de miséria. Não veem a porta arranhada pelo cão e o painel solto, conservando apenas estilhaços de vidro? Deixei-o tombar no sofá esfarrapado e preparei drinques para nós. Em situações como essas, aprendi que qualquer coisa colorida serve. Acho que o sujeito era mais chegado a um uísque, enquanto a minha bebida lembrava um pouco a tequila.

Brindamos à nossa saúde e, dando-lhe o máximo de oportunidades para ficar hipnotizado por minhas pernas maravilhosas, sentei-me em seu colo e abracei-o. De novo, a impressão: "Não posso acreditar em tanta sorte!"

Vi que se tratava de uma alma jovem, ingênua e confiante, muitas e muitas vezes ludibriada por falsos amigos. Eu também iria lhe pregar uma peça, mas para o seu próprio bem. Preparava uma armadilha divina.

Acariciando-lhe o pescoço com beijinhos, lambi-lhe a orelha. Sentindo um ronronar de contentamento, sussurrei:

— Escute aqui, benzinho, não sabe que está morto?

— Mortalmente bêbado, isso sim.

— Não, meu querido. Morto mesmo.

— Mas então que diabo de lugar é este?

— O Além. É aqui que está.

— E o Além está cheio de belezinhas como você, certo? Ah, se eu soubesse disso antes!

Uma pequena, mas insistente onda de pensamentos obscenos aflorou à sua consciência entorpecida. Expliquei-lhe que eu estava mais para Madre

Teresa do que para uma garota de programa. Replicou que eu quase o havia enganado. Não percebera nada.

Uma vez, assistira a um *striptease* parecido. Expliquei que isso eu não fazia. Respondeu que tudo bem, mais valia um pássaro na mão que dois voando.

Recompensei-o com uma risadinha. Pareceu gostar e pediu outro drinque. Atendi-o com a condescendência charmosa pela qual ele esperava. A felicidade estava estampada na sua cara! Apresentei-lhe o drinque de longe; olhou-me satisfeito como um bebê que acaba de arrotar.

— Vem cá — disse eu, chamando-o com os dedos. — Quero te mostrar uma coisa.

Pareceu relutante em deixar seu posto de observação, mas corri para a porta com um movimento de quadris ondulante o suficiente para atraí-lo. Certifiquei-me de que ele me visse flutuando pelos três degraus até a calçada.

— Agora tente fazer o mesmo!

— De jeito nenhum, vou me matar!

— Impossível, seu almofadinha, você já está morto.

— Isso é o que você diz. Olhe aqui, gata, estou confuso.

Sentou-se no degrau de cima, com a cabeça entre as mãos.

— Venha até aqui, há algo que precisa ver. Pode vir andando normalmente, não precisa flutuar.

Ele resmungou e, tentando ficar de pé, caiu em meus braços. Endireitei-o facilmente e virei-o para que visse bem a casa.

— Agora observe isto — ordenei, fazendo desaparecer a forma-pensamento tão rápido quanto a criara. Diante de nós, estava só um terreno vago e cheio de mato.

— Mas com que diabos...

— Viu? Sou mágica. E agora preste atenção.

Percebendo qual era o carro dos seus sonhos, criei a forma-pensamento de um Corvette Stingray. E vermelho. Sentei-me rápido ao volante.

— Entre, vou te dar uma carona.

O coitado desabou de cara no banco do passageiro, onde o ajeitei com alguns puxões. Ainda sem saber que morrera e estranhando estar tão leve quanto uma pluma, olhou-me, incrédulo. Ri e partimos.

Quando nos alçamos no ar, não pareceu mais tão surpreso, o que era bom. Muitas pessoas tentam saltar fora quando faço isso e as manobras então necessárias para aquietá-las deixam-nas mais assustadas que antes.

Cortamos o céu noturno e logo a madrugada foi surgindo gradualmente num dos planos de recepção. Entramos numa casa de repouso para bêbados mortos, considerados recuperáveis.

Parece incrível, mesmo para mim, tão acostumado a essas coisas: fomos acolhidos por sua irmã, também uma bêbada morta, mas já no caminho da cura.

— Billy, Billy! Ah, meu Deus, como é bom ver você!

— Vera, o que está fazendo aqui?

— Esperando por você, seu malandro!

Aparentemente, Billy não fora ao casamento da irmã alguns anos antes. Alegou ter se apaixonado durante o trajeto, por uma mulher que encontrou no trem, e ela o convencera a descer em Las Vegas para passarem a noite. Ficaram depenados. Vi isso pelos empurrões e bate-bocas que travaram.

Enquanto discutiam, desmaterializei o carro, de modo que quando Billy quis mostrar o veículo espantoso no qual viera, Vera respondeu que não estava vendo nada. Percebendo um dos assistentes acenar da porta, um antigo traficante de drogas na rota Beirute-Marselha, e agora feliz por ser uma engrenagem mais ativa em nossa corrente de transmissão de consciência, concluí que estavam todos em boas mãos. Saí e fui para aquele delicioso chalé no céu com que tanto sonhara quando encarnado. Não é propriamente o meu lar, pois estou sempre transitando pelo mundo físico a fim de amenizar minhas loucuras; mas está se tornando rapidamente minha casa longe de casa.

Sistemas de Crença: 1

Depois de dar alguns exemplos das minhas atividades por assim dizer mais excêntricas, talvez seja o momento de discorrer sobre o tipo de experiência que a grande maioria dos seres humanos tem ao passar de um plano a outro.

De um modo geral, eles morrem e continuam ligados a uma comunidade de espíritos parecidos, que lembra muito aquela de onde viveram na Terra. E, embora os dogmas religiosos digam o contrário, existe no plano astral um ambiente para cada sistema de crença. Toda cultura e subcultura pode descobrir ali seus parâmetros, paradoxalmente postos a nu e polidos até brilhar. A ninguém falta uma paisagem apropriada onde possa perpetuar seu desempenho humano. O que, se se pensar bem, é exatamente como na Terra.

Em termos da metafísica pura, o que existe é energia pura em diversos graus de vibração, os quais, por sua vez, resultam em variados níveis de densidade.

No final das contas, tudo se resume a sistemas de crença. Percebendo-o ou não, você sempre adota um desses sistemas. Quer se trate de uma seita das grandes religiões ou do materialismo cético do moderno homem tecnológico, ou ainda de alguma reminiscência vibrante do tribalismo animístico no Terceiro Mundo, cada indivíduo chega ao astral apegado às suas crenças. Até a alma presa dentro do ovo negro da ignorância, onde parece ficar em coma por décadas ou mesmo séculos, tem lá suas crendices.

Boa parte da recente literatura sobre experiências de quase morte enfatiza a natureza familiar do acontecimento e isso, para muitos, é indubitavelmente verdadeiro. E, permitam-me dizer-lhes, em certos níveis a ansiosa expectativa da chegada do tio João e da tia Maria pode ser tão cansativa para residentes de longa data quanto a conversa excitada de pais jovens para aqueles que há muito deixaram essa fase no ciclo da vida física.

Em outros níveis — quase sempre aqueles em que as pessoas "afundam" —, as almas se apegam a padrões de comportamento obsessivos, que os antigos entes queridos acham tediosos, insuportáveis ou sórdidos, preferindo por isso não segui-las nessa espécie de abismo. Imagine, se preferir, um irmão que passou do pequeno tráfico de drogas para a importação a granel de heroína e o vício pesado. Caso vá para Paris e busque a companhia de gatunos e prostitutas, não ficará mais distante de sua família respeitável do que se, como fazem muitos, fixasse residência em alguma favela do astral inferior, com gente da sua laia — sem perceber, nem por um instante sequer, que a sorte deles foi por eles mesmos escolhida.

Esses são apenas dois exemplos da infinita variedade daquilo que chamo de "grupos de interesses comuns" no astral. Existem, de fato, tantos quantos você possa imaginar, dado que são múltiplas as atividades na Terra, e seria necessário outro livro para documentar todos. Na verdade, existem volumosos tratados sociológicos em nossas bibliotecas que fizeram justamente isso, mas são tão enfadonhos quanto se possa imaginar. Assim, contento-me com um exemplo representativo.

Visitar essas comunidades sem participar do seu dia a dia é o mesmo que comparecer a um grande evento esportivo pelo qual não se tenha nenhum interesse especial. Enquanto jogadores e público comungam, executando rituais que preservam seu relacionamento, você só observa confuso, perguntando-se quando as escamas cairão dos olhos e o imperador será visto pelado.

Comecemos por aqueles que se recusam a aceitar a morte. Desses, há dois tipos: os que continuam vagando pelo plano terrestre, irritados porque ninguém fala com eles, e os que com astúcia/malícia atrapalham pessoas que para eles agradavelmente não têm noção do que está acontecendo.

Numa rápida viagem de reconhecimento por qualquer cidade deparararíamos com o seguinte: alcoólatras mortos rondando os bares, na pista de bebedores contumazes cujos corpos vagos anseiam por disputar; viciados mortos rondando os pontos de crack e de outras drogas mais caras, ávidos pela mesma coisa; libertinos mortos rondando os bordéis e agências de acompanhantes, loucos para farejar as vibrações do prazer; homens de negócios mortos rondando seus locais de trabalho, tentando influenciar as decisões dos antigos colegas; o velho pedófilo rondando o pátio da escola, regozijando-se mas não conseguindo fazer nada; fãs de esportes mortos rondando estádios e quadras, à espera do jogo; sádicos mortos rondando hospitais para se divertir com os melodramas apresentados em cada andar.

Ora, todos esses tipos têm seus espíritos guardiães prontos para conduzi-los ao "verdadeiro" Além. Mas, como desenvolveram uma postura materialista mesquinha ou um padrão de comportamento obsessivo, e se sentem gratificados, não conseguem ver ou ouvir os seres de luz que acenam para eles e continuam envoltos na névoa escura que é a emanação de sua própria ignorância.

Essas almas, muitíssimo obcecadas, raramente formam aquilo que conhecemos como comunidade. Entretanto, conseguem construir uma espécie de ponte psíquica para esse primeiro nível de agrupamentos astrais constituídos em geral por ateus e materialistas — que, negando embora todas as evidências do Além, encontram-se numa espécie de sonho sem fim em paisagens tão vazias quanto sua imaginação. Posto que quase sempre vaidosos e egoístas, alguns desses indivíduos, ao desenvolver seu intelecto na Terra, absorveram em diferentes graus o chamado humanismo secular, que lhes mostra o valor da ajuda ao próximo; tendem, pois, a juntar-se para "fazer o melhor possível".

Embora eu esteja deitado confortavelmente no meu chalé ditando estas palavras a Gordon, meu "protegido" e "autor" deste livro, permita-me que eu leve você agora a uma dessas comunidades. Em primeiro lugar, devo passar do meu nível de energia (isto é, vibração) para algo mais aceitável no astral inferior, do contrário assustarei os habitantes parecendo-lhes o facho de um holofote. Explicar como faço isso não é tarefa fácil, mas a expressão "ajustamento de atitude" parece boa. Oh, sim, evoca a sensação que experimentamos quando, ao chegar em casa do trabalho, cansados e de saco cheio, lembram-nos da festa a que não podemos deixar de comparecer!

Lá vamos nós: o terreno é desolado, áspero e batido pelos ventos. E essa poderia ser considerada uma descrição generosa. Um céu cinzento, cor de ardósia, com nuvens informes que sugerem o inverno; algumas cabanas de pedra, arruinadas e úmidas, cercadas de choupanas de madeira um pouco mais novas; tufos de grama tenazes, irrompendo de um solo duro; rochedos dispersos aqui e ali, pesados e ameaçadores, lembrando alguma conflagração pré-histórica.

Sigo o caminhozinho que serpenteia entre as choupanas. O frio do crepúsculo de inverno parece ter silenciado todos os habitantes. Bato a uma porta. Um velho rabugento abre e me olha cheio de suspeita.

— Suponho que o senhor queira entrar. Pois então entre, antes que eu me congele.

Entro e sento-me junto ao fogo, a convite do velho. O banquinho parece ter sido entalhado bem antes do Renascimento. Ele ocupa uma frágil cadeira de balanço. Pergunto-lhe como está passando.

— Tão bem quanto possível neste fim de mundo. Suponho que continua chato como sempre.

Ele parecia querer cuspir com desprezo no fogo. Mas não, ele não era desses, quem fazia essas coisas eram os visitantes. Bastardos. Como gostaria de ficar livre de suas importunações!

Confirmei-lhe o pensamento:

— Sim, vim para irritá-lo com minha conversa mole, como você já disse uma vez com tanta propriedade.

O velho me brindou com um sorriso breve e gélido. Eu já tinha notado uma tendência ao humor autodepreciativo em minha última visita. Ele via o mundo como um personagem decadente e arruinado de Dickens. O mundo o desgostara e agora o velhote persistia numa espécie de sonho agressivo que teimava em não acabar.

— Em sua opinião, tudo isto é um sonho e eu sou apenas um demônio disfarçado que vem aqui para aborrecê-lo. Mas, e se lhe mostrasse um sonho melhor no qual fadas dançassem e cantassem em jardins floridos, no qual o deleite fosse eterno como eterno é o desespero por aqui?

Ele emitiu um rosnado de escárnio que qualquer grande ator admiraria. Por baixo da minha seriedade, eu estava achando muita graça. Imaginara que a imagem das fadas dançantes, em vestidos vaporosos, o impressionaria, romperia a grossa casca de seu mau humor. Mas não seria assim, ao menos dessa vez.

Acusou-me de querer enganá-lo. Censurou-me por desperdiçar seu tempo. Chamou-me de morto. Duvidou da minha existência, desafiando-me a prová-la. Levantei-me e belisquei-lhe com força o antebraço. O velho gritou e xingou.

— Mas que sujeito insolente, como se atreve?!
— Ah, quantas vezes sonhei ser chamado de sujeito insolente!
— E ainda goza na minha cara!

O rosto do homem, para não falar da sua aura, ficou rubro. Brandiu a bengala, mas esquivei-me ao golpe, rindo. Ele resmungou alguma coisa e voltou a sentar-se, como o velhote artrítico que supunha ser.

— Vejo você mais tarde, amigo! — saudei, sabendo que a saudação iria deixá-lo fulo da vida; mas é que ela poderia abalar sua negação implacável bem mais que um gesto de polidez.

Cruzei a viela até outra antiga cabana de pedra, onde sabia poder encontrar um rapaz com um cobertor aos ombros, rabiscando cálculos. Não havia por que bater, ele jamais atenderia. Matemático brilhante, sofreu um derrame cerebral enquanto estudava e mal notou que havia morrido. Preocupado apenas com o trabalho e com a glória que ele lhe traria, a ambição egoísta, combinada com o ateísmo de sua educação o trouxera para cá, onde a melancolia da alma se reflete na paisagem.

Sentei-me diante dele e saudei-o efusivamente; o rapaz mal ergueu os olhos. Páginas e mais páginas cheias de algarismos atulhavam a mesa. Pressenti que ele se supunha na iminência de uma grande descoberta e que afastá-lo de sua linha de pensamento seria uma catástrofe. Sem dúvida, a complexidade do seu trabalho só poderia ser apreciada por outros matemáticos; e como isso envolveria o tipo de jornada transformadora que somente eu, ou alguém parecido, poderia ensinar-lhe, o dilema do rapaz era quase palpável. Esperei, imaginando quantas visitas mais seriam necessárias para que voltasse a se sentir bem.

Então, dois rostos conhecidos surgiram à porta. Adolescentes da pesada, mortos quando fugiam do local do seu último assalto, e agora reduzidos a incomodar outras almas igualmente presas à negação. Materializei uma pistola bastante convincente e apontei-a para suas caras. Viraram-se e deram o fora, os completos neófitos em tecnologias mentais *post-mortem*, sem dúvida para ir atrás de novas confusões.

Nosso matemático nem tomara conhecimento.

— Ah, não se preocupe com eles, Hartz, não voltarão tão cedo.

Isso lhe chamou a atenção: olhou-me, intrigado. Como diabos eu sabia seu nome? Do mesmo modo como sabia todo o resto a seu respeito: seus pouco amorosos pais marxistas; sua esposa bonitinha, mas ordinária; seus filhos tristonhos, ignorados; sua terrível obsessão pela matemática — bastava-me misturar minha mente à dele.

Vi-o tremer. Como diabos eu sabia seu nome? Valeria a pena interromper o trabalho para falar comigo? Ou eu não passava de um simulacro numa espécie de sonho, em que ele procurava racionalizar a consciência após a morte?

— Já esteve aqui antes, não?

— Sim, Hartz.

— Como sabe o meu nome? Nunca disse a ninguém, nem mesmo ao sujeito que traz lenha para o fogo nem à senhora que me serve pão e chá.

— São tímidos demais para perguntar.

— Comportamento próprio de criados, creio eu.

— Aqui, a palavra-chave é "creio". Eles são o que você crê que sejam.

— Ao contrário, aqui não se trata de crença. Crenças são para camponeses que julgam as superstições coisa do passado.

— Não são para alguém como você, que passa o tempo todo trabalhando numa linguagem simbólica abstrata, só acessível aos outros membros de sua reduzida classe, nenhum dos quais está conseguindo encontrar.

— E de quem preciso sempre.

— Quando precisa, onde estão eles?

— Em minha mente, o tempo todo.

— Então acha que tem uma mente?

— Sei que tenho.

— Tem também, penso eu, a prova cabal desse teorema?

— Não mais que a que você tem do seu. Não é algo que eu precise provar. É algo que sei.

— Assim como sei que você está morto?

— Chega de papo furado! Preciso trabalhar.

E com isso inclinou a cabeça, aconchegando o cobertor aos ombros. Prometi voltar, mas ele fez que não ouviu. Talvez fique por aqui durante anos, pelo calendário terrestre, até que eu consiga convencê-lo. A beleza abstrata da matemática pura conquistou-o, mas, à semelhança de qualquer empreendimento intelectual conduzido para gratificação do ego, era tóxica como a heroína e produzia quase os mesmos resultados.

Acompanhe-me agora à sombria floresta não longe desse povoado que remonta à Idade da Pedra. Uma gélida nudez envolve as árvores. Não se espera que brotem folhas nelas e de fato não brotam. Ventos frios e neblina escura se alternam.

De vez em quando eremitas mortos aparecem por aqui, a fim de se esconder ou colher madeira, como se acabassem de despertar de um sonho longo e tenebroso. Constroem novos abrigos com galhos, ramos e pedras. E ficam sentados lá dentro, remoendo lembranças. Animais selvagens como esquilos, tâmias, corvos e abutres consentiram em descer de suas belas florestas tropicais para vir alegrar esses pobres coitados. Dois dos pequenos patifes ficam me rondando, o que muito me agrada. Sabem por que estou aqui e gostam de mim.

Quero que vocês conheçam um sujeito casca grossa. Odiando a humanidade, esconde-se nesta floresta hibernal, onde só presta atenção aos esquilos, que aliviam um pouco sua rabugice com brincadeiras descuidadas. Embora eu seja um dos poucos seres humanos que aparecem por estas bandas, ele ainda está pensando se irá conceder-me parte do seu tempo.

Agacho-me do lado de fora da sua choupana e espero. Os esquilos se aproximam e põem-se a dançar à minha volta. Ouvindo o barulho que fazem, o ermitão espia para fora. Sorrio; ele fecha a cara. Os esquilos correm para ele e escuto o que só posso descrever como um grunhido de satisfação.

Outros esquilos aparecem, saltando-me ao colo e aos ombros. Expresso calorosamente minha alegria e percebo outra careta de desaprovação. Isso se repete até fazermos contato visual: apenas um olhar acompanhado de outra careta.

Entretanto, meu entusiasmo inicial por uma possível abertura parece ter sido otimista demais. Está claro que o sujeito ainda não está pronto para ser despertado de seu sonho. Talvez no próximo encontro.

Eu deveria levar você até a garganta rochosa no ponto mais distante da floresta, para poder ver em primeira mão os resultados do materialismo cético. Mas ouço a voz de Reid; por enquanto, vamos até ele para saber o que quer.

Reid e Fiona

Encontro Reid no jardim, conversando com Fiona, uma das guardiãs residentes. Ele me agradece por não ter estado lá quando acordou, como ameaçara. Dou-lhe um abraço rápido e prometo que não acontecerá de novo. Fiona o provoca sem piedade, lembrando que Reid só ficara acordado por pouco mais de uma hora antes de dar outro cochilo.

Ele a acusa de exagerar e todos rimos. Depois que Fiona insiste em ir fazer chá, sento-me ao lado de Reid e pergunto o que anda fazendo.

— Pouca coisa — replica.

Pergunto então se já se sente morto. Acha que sim. Chegara a essa conclusão há menos de uma hora, depois de encontrar um dos seus parceiros de pôquer na sala de sinuca da casa. Fiona o estava apresentando aos amigos quando Fred aparecera, de taco na mão e disposto a retomar um jogo interrompido, há pelo menos 5 anos, por um incêndio num prédio de apartamentos em Denver.

Fred acabara de morrer de infarto no meio de uma noitada, na sala do subsolo da casa de Don, mas não sem antes saber do acidente de motocicleta de Reid. Aparentemente, Rick fora visitar sua ex-esposa no Missouri, a menos de dez minutos do local onde Reid caíra. E, vejam só, seu filho mais velho foi o primeiro policial a comparecer à cena. Sem dúvida, todos sabiam que ele saíra viajando pelo país e se haviam perguntado se ainda tinha condições de empreender semelhante aventura; e, sem dúvida, um e outro sabichão se aproximaram, balançando a cabeça com ar de recriminação.

Fred ia fazer seu lance quando desabou ali mesmo na cadeira. Jesus, foi um espanto geral — e dele também, quando flutuou até o teto! Ignorava que morrer fosse tão divertido.

Fiona trouxe o chá e colocou a bandeja a seu lado. Reid, fiel a si mesmo, não moveu um dedo para ajudá-la. Sempre conseguira tirar proveito do seu desdém pelas mulheres. E eu sempre suspeitei que ser ignorada era parte significativa da atração que Veronica tinha por ele. Mas agora não convinha falar sobre o assunto.

Ou talvez sim: segundo Fred, Veronica estava organizando o funeral. Tendo há muito trocado as aventuras de Reid pela tranquila segurança de Gerald, o eternamente bem-sucedido vendedor de ações, agora senil, ela podia se permitir o tipo de espalhafato tão a seu gosto. Não que ele desse a mínima, fiquem sabendo: ele preferiria muito mais continuar viajando pelo país e, quando Fiona lhe garantiu que não havia motivo para não fazê-lo, passou a considerar a possibilidade de uma volta ao mundo.

Perguntou-me o que eu andara fazendo. Desde que morrera ou há pouco? As duas coisas.

Expliquei-lhe o objetivo desta narrativa e contei-lhe o breve passeio pelo astral inferior que só interrompera em seu benefício. Gostaria de acompanhar-me?

Ah, sim, o astral inferior. Fiona lhe falara a respeito. Era onde ficavam os filhos da mãe, certo? Não, agradecia sinceramente, mas iria passar sem essa. O lugar lhe lembrava muito Detroit. Talvez em outra ocasião. Diabos, estava se divertindo pra valer ali! Dizendo isso, olhou de relance para Fiona, que retribuiu com um sorriso indulgente.

Fiona não era exatamente minha amiga, mas eu a conhecia bastante; não se prestaria ao papel submisso que Reid esperava dela. As mulheres que trabalham nessas casas lembram enfermeiras, acostumadas com os caprichos dos seus hóspedes passageiros. Terminei meu chá e, desejando-lhes um bom dia, saí, parando apenas para acenar da extremidade do jardim e desaparecer teatralmente após atrair a atenção de Reid. Isso devia bastar-lhe por enquanto.

Sistemas de Crença: 2

Bem, aqui estamos de novo na orla da floresta primitiva. A terra é pobre, pedregosa, áspera e nua. Um céu negro tolda este patético arremedo de paisagem, como vem toldando sabe-se lá há quanto tempo e continuará a toldar até as almas ressequidas e desesperançadas que sem saber a preservam por não necessitarem mais de um lugar discreto para fazer suas necessidades.

Quanto mais caminhamos, mais gelado e batido pelos ventos o cenário parece. Uma profunda garganta se abre à nossa frente. Espiamos seu interior escuro. Percebo que você não está muito disposto a descer, mas descemos assim mesmo, por um caminho acidentado que parece talhado na rocha.

Um vento cortante nos golpeia. Ambiente muito pouco hospitaleiro. Por fim, já no fundo da garganta, diante de rochedos que parecem brotar do nada, desviando-nos de pequenas e traiçoeiras fendas onde realmente não convém pisar, deparamos com umas figuras acocoradas, que olham desconsoladamente para a frente ou miram tristemente os próprios pés. Observe como parecem absorvidas em si mesmas. E agora note as que estão prostradas ou curvadas contra os rochedos. Sim, dormem verdadeiramente o sono dos mortos.

São, pelo que pude perceber, de dois tipos. Materialistas empedernidos, cujos miolos jamais admitirão a possibilidade da vida eterna, e aqueles cristãos que acreditam firmemente no despertar para o Juízo Final. Desses últimos, apenas os de coração mais duro se acham aqui; os menos propensos a condenar dormem em alas de hospitais espalhados por todo o astral, onde uma equipe de assistentes se reveza para vigiá-los.

Aproximamo-nos agora dos queixosos. Está ouvindo o murmúrio velado, mais conveniente aos momentos que se sucedem a uma catástrofe? É o coro de autocomiseração daqueles que jamais acreditariam no Além, mas aqui se encontram cheios de arrependimento e queixumes. Chorões clássicos, todos eles. Se você conseguisse chamar a atenção de algum, coisa muito difícil porque estão convencidos de que não passamos de contrafações demoníacas seja lá do que for, tudo o que lhe arrancaria seria uma série de lamentações repetida *ad infinitum* caso você fosse tolo o bastante para permanecer ali, como eu mesmo fui há muitos anos pelo calendário terrestre, tomado de ingênuo zelo missionário.

Recuperações são possíveis neste buraco, mas exigem equipes especializadas de assistentes que às vezes trabalham décadas a fio para resgatar um só deles. Vamos em frente.

Ora muito bem, o que temos aqui? Um carro amassado, que os dois patifes a quem há pouco assustei com a pistola empurraram no abismo. Meu palpite é que, depois de praticarem um roubo e baterem o carro a grande velocidade, a transição foi tão repentina que não perceberam estar mortos. Provavelmente, depois da minha ameaça, engendraram a forma-pensamento de um carro de fuga, despencaram pela ribanceira e, julgando-se ainda vivos, criaram a imagem de um veículo amassado, riscado de sangue.

Note que a forma-pensamento do carro vai se desintegrando lentamente e revelando o lado feio da coisa: dois corpos estraçalhados de jovens que agora acreditam ter cometido suicídio. Mas deixemo-los por enquanto e façamos uma visita aos moradores das cavernas. O paredão rochoso logo à frente é tão antigo quanto qualquer outro no Novo México ou no Arizona e muitos mortos resolveram morar ali.

Lá se acham inúmeros materialistas inveterados prontos, pelo menos, a admitir-se mutuamente em seu "sonho". Afinal, estão mortos e não há outra opção. Alguns até descobrem uma pitada de humor negro em tudo isso: a vida foi dolorosa e nem tem a decência de acabar logo, ficando a torturá-los com toda sorte de refugos da atividade cerebral. Existem por aqui vários que gostariam de discutir a respeito da inexistência de qualquer prova independente da teoria do "Além". Prove que tudo não é apenas um sonho, desafiarão.

Mas o que vem a ser isto? Ah, um dos meus suicidas está me chamando. Subamos para ver qual é o problema.

De Novo com Bob e Carole

Ao me aproximar, deparo com Carole em seu passatempo favorito: arrumar as rosas. Ri quando a ironizo e afirma que é mais fácil do que arrumar os móveis. Acena para dentro, indicando que a dupla mãe e filho está ansiosa para conversar.

Encontro-os no saguão e eles imediatamente começam a me questionar sobre vidas passadas. Sim, reconheço, suas suspeitas talvez tenham alguma base. Passaram muitas vidas juntos e esse é provavelmente o motivo pelo qual ela sente tamanho desejo de ficar com ele agora.

Já foram casados? Isso é possível? Não parecerá incesto? Haverá problemas? Disparam perguntas e mais perguntas. Carole poderia ter respondido a elas, mas acha necessária a autoridade de um homem e talvez esteja certa — como na maioria das vezes. As pessoas chegam aqui com todos, ou quase todos, os seus preconceitos intactos; e nós, se quisermos mesmo ajudar, precisamos atender às suas necessidades peculiares.

Se, por exemplo, houvesse necessidade premente de um padre ou, digamos, de um dedicado assistente social, Carole o chamaria e não a mim; mas o garoto ficara muito impressionado com minhas habilidades e sem dúvida acha que sou uma fonte de sabedoria. O que, para seus padrões, é mais ou menos verdadeiro. Mas há muitos outros como eu no pedaço.

Assim, tranquilizando-os quanto à natureza inteiriça do seu amor envolvente, sugeri que relaxassem, gozassem a atmosfera da casa de hóspedes, participassem dos jogos e absorvessem as boas vibrações da sua nova vizinhança. Dali a alguns dias eu iria com eles até um dos centros de estudos kármicos locais, onde poderiam examinar sem pressa toda a variedade de conexões que mantiveram em vidas passadas.

Isso pareceu satisfazê-los. Antes de sair, perguntei à mãe se compareceria ao seu funeral. Não, não queria, bastava-lhe o sofrimento do funeral do filho.

Confidenciei-lhe que simpatizava com seu desejo de fugir da dor, mas adverti-a de que resistir ao apelo da saudade e da tristeza daqueles que deixara para trás poderia ser talvez ainda mais doloroso. Ela lhes faria um grande favor se, movida pelo afeto que sentia, fosse se juntar ao filho, aliviando com isso o fardo de todos.

Deixei-os alegres, o que é mais do que se pode esperar, não? Pouco depois recebi um chamado: aula de música. Sim, por que não, é disso provavelmente que preciso.

Aula de Música

Meu professor, o sempre genial Gerard, foi visto pela última vez na Terra, aí pela virada do século, na França, como um carteiro de Avignon que tinha tudo para ser um sujeito comum não fosse sua devoção de fim de semana às obras de Debussy.

O ponto alto de sua curta vida, pelo menos segundo me disseram, foram duas semanas em Paris, onde frequentou concertos e galerias, chegando a ouvir Eric Satie tocar num café de calçada.

Parece que acaba de dar um recital de música de câmara e deseja relaxar um pouco; ora, haverá melhor maneira de se descontrair do que ouvir-me assassinando as sutilezas rítmicas das *Gnossiennes* e *Gymnopedies* de Satie?

Pois é exatamente o que faço. Não sou a alma mais musical que existe, mas tento. E até na espineta, o que, para Satie, equivale a uma inovação.

Gerard garante que estou melhorando. Rio e declaro que ele já não me puxa tanto o saco quanto antes. Quer que eu ataque um dos prelúdios mais simples de Debussy. Quando replico "Tudo a seu tempo, meu senhor, tudo a seu tempo", Gerard sorri, sabendo que estou com medo.

Assegura-me que um dia terei tanta fluência quanto ele no idioma musical de sua amada França. A delicadeza pode ser decifrada, lembra-me com uma piscadela, antes de adotar a tradicional maneira gaulesa de desculpar-se. Informa que irá visitar os filhos, ambos mortos recentemente e ainda em fase de ajuste — a filha por ser jovem e bonita, apesar do marido misógino, e o filho por se julgar sempre em férias. Já à porta, pergunta se eu gostaria de ouvir obras novas de Ravel e Poulenc.

Bem, não há como recusar propostas como essa, mesmo aqui, onde qualquer concerto está à distância de um pensamento (desde que você já o conheça, é claro). Agradeço prontamente. Ele me avisará quando for o momento. Ambos rimos: aqui, o tempo é quase uma piada.

Alguns de vocês perguntarão sem dúvida: por que um professor de música francês e não americano? Como se deu isso? Ora, muito simples: Gerard estava por estas bandas (quer dizer, na América astral) para uma exibição de Charles Ives (um verdadeiro espetáculo: duas orquestras e uma banda marcial) e nós nos conhecemos. Simples assim. Conversamos sobre Satie e o resto você pode adivinhar.

De qualquer modo a música reergueu meu ânimo, como nunca antes no astral inferior. Mas voltaremos ao assunto depois. Agora quero levar você até um dos templos de sabedoria espalhados pelas esferas. São de vários tipos, mas cada qual se ajusta ao nível de iluminação dos moradores locais. Arquitetonicamente, apresentam as mais variadas formas e estruturas, das antigas às modernas.

Há palestras, grupos de estudo, bibliotecas e jardins para contemplação. Tudo, como se diz na Terra, aberto ao público. Atualmente, o meu favorito é em estilo grego básico, com colunas de mármore onde a luz do sol se reflete e pátios internos com jardins de desenho inspirado em várias tradições.

Hoje sei, por leituras rápidas na Terra, que a literatura sobre experiências de quase morte é que construiu esses templos e pôs neles os mestres, figuras conhecidas de muitos leitores. Agora saberão como são as coisas vistas daqui.

Um Giro pelos Templos da Sabedoria

No templo que logo iremos visitar, costumo passar algum tempo com a aparência de um velho sábio com manto, barba e bengala, deliciando-me junto às fontes melodiosas do aprazível pátio interno. Às vezes, apareço como uma moderna radical feminista, de cabelo espetado e camiseta com os dizeres "Pense por Si Mesmo"; mas hoje prefiro o estilo aristotélico.

Como só apareço de vez em quando, comenta-se muito, quando estou longe, minha devastadora inteligência. E as almas mais convencionais, que já começam a cansar-se do feriado sem fim do astral, acorrem com suas teorias bem digeridas e esperam minha possível aparição.

Penetro por uma entrada lateral e ocupo, sem ninguém ver, meu posto habitual, o banco sob as roseiras perto da fonte. Há por aqui uns cinco sujeitos que preferem acreditar no mito da minha onisciência em vez de recorrer aos préstimos dos outros mestres do templo, vários dos quais comparecem à mostra de flores vestidos de jardineiros, enquanto os outros brincam na piscina disfarçados de crianças barulhentas.

O grupo interrompe o bate-papo e sorri respeitosamente. O primeiro se aproxima, cheio de entusiasmo, e convido-o a sentar-se. Depois de um longo, mas gracioso preâmbulo em que as atitudes contidas do ex-burocrata se mesclam com o espírito curioso de um metafísico adolescente e uma alma que logo estará pronta para reencarnar, vem a grande pergunta.

De que serviram as guerras mundiais do século XX? Para que tanto sofrimento? Sem dúvida, o objetivo que se tinha em mente poderia ter sido alcançado com maior economia de meios.

Não era a primeira vez que me faziam essa pergunta e, decerto, não seria a última. A maioria das pessoas fica intrigada com a complexidade aparente do problema e se espanta com minha resposta sucinta e cordial. Outros se refeririam às ideologias opressivas do comunismo, fascismo, imperialismo e antissemitismo, quando não aos males contagiosos da vingança.

Mas aquela alma séria me pareceu bastante acessível quando eu disse que a sujeição aos deuses do nacionalismo devia ser completamente abolida para que a humanidade passasse à etapa seguinte da evolução, a qual é, obviamente, a consciência planetária.

Ele concordou o mais francamente que lhe foi possível, considerando-se o que pude perceber do trágico desfiguramento de sua família e a cruzada antinuclear de toda uma vida empreendida por seu irmão, que, não me escapou, lhe havia por fim impingido uma consciência burguesa muito satisfeita consigo mesma.

Citei a União Europeia como um dos mais bem-sucedidos florescimentos do novo internacionalismo, o qual, como americano, ele talvez houvesse ignorado. Mostrando súbita irritação, mencionou Israel e a Iugoslávia.

Bolsões isolados de progressistas preguiçosos que exigem imediata reestruturação, assegurei-lhe, observando quão influenciado pelo orgulho nacional ele ainda estava a despeito de ter tido apenas duas encarnações americanas — o resto fora amplamente distribuído pelo globo. Absorvendo o golpe, ele se levantou e agradeceu-me a atenção. Saudei-o.

Uma senhora imediatamente ocupou o seu lugar. A vivacidade lhe bailava nos olhos brilhantes. Senti que ela seria rápida. Seu ex-marido na Terra, que acabara de chegar, queria prosseguir no relacionamento sob o mesmo teto e vários membros de sua família achavam a ideia ótima, pois ela parecia ser indecisa e de vontade frouxa. Deveria seguir os ditames do coração, que ansiava por independência? Mas isso não criaria o tal karma ruim de que tanto ouvira falar?

Tomei-lhe as mãos e sorri confortadoramente:

— Faça o que achar melhor e diga-lhe que a deixe em paz. Esqueça as tias, vá para outra comunidade e estude artes, como deseja. O karma, minha querida, é mero resultado das ações; e como todas as ações têm resultado, você não poderá evitar o karma, pouco importa a maneira como aja.

Ela pareceu intrigada, mas feliz. Beijei-lhe a fronte e disse:

— Fique tranquila.

Ela pulou de contentamento como uma bailarina amadora e desapareceu num piscar de olhos.

A próxima ria e aplaudia. Sentou-se descontraidamente e disparou:

— Ouvi dizer que você é muito sabido.

Dei um risinho e torci a velha barba.

— É difícil viver com semelhante reputação. Mas, para dizer a verdade, tudo não passa de invencionice. Sou muito burro. Não chego a distinguir o alto do baixo, o direito do esquerdo. O típico místico de araque, para quem tudo é maravilhoso, todos os caminhos levam a Meca, etc., etc.

Ouvindo isso, ela estremeceu de alegria e deu-me um forte abraço:

— Era justamente o que eu precisava escutar, obrigada!

E se foi, assobiando uma musiquinha alegre. Eu começava a me sentir um verdadeiro Papai Noel, mas o sujeito que apareceu em seguida mudou tudo isso. Suas primeiras palavras foram espalhafatosamente joviais, sem dúvida, mas quem vê cara não vê coração.

— Não estou acostumado a semelhantes leviandades e devo continuar fazendo minhas indagações, às quais, espero, o senhor está capacitado a responder.

— Farei o possível, senhor.

Pareceu-me um vendedor de móveis usados numa cidadezinha qualquer da Nova Inglaterra, dos que reverenciam os Pais Fundadores. Pensei, um tanto cinicamente, que fosse me sondar a respeito da liberdade religiosa ou do futuro da democracia.

Mas não. Perguntou se o progresso era possível numa cultura corrupta como a dos Estados Unidos. Assegurou-me ter refletido bastante sobre o assunto desde sua transição, mas só conseguira ficar ainda mais confuso.

Era fácil suspeitar ali uma disposição melancólica em guerra consigo mesma, por isso pus de lado a psicologia elementar e fui direto à resposta:

— Os americanos são como crianças trêmulas de horror ao saber que papai anda fazendo negócios escusos e transando com a cunhada nos fins de semana. Ao crescer, descobrem que todos os impérios surgem à custa de escravos e soldados iludidos, da Atlântida e do Egito à França, Grã-Bretanha e Estados Unidos. É a maneira de agir do plano físico e das jovens almas ambiciosas que melhor se adaptam ao seu programa evolutivo. A corrupção se propaga em qualquer desses empreendimentos. Como a guerra é a diplomacia com outro nome, a corrupção é um negócio com maior margem de lucro. Mas, mesmo assim, pode fundar escolas, hospitais e teatros de ópera.

Ele me pareceu, devo dizer, um tanto impressionado. Se tivesse barba, estou certo de que a puxaria com força. Eu lhe poderia ter oferecido a minha, mas só pensei nisso muito depois. O sujeito me agradeceu pela resposta estimulante, embora achasse que eu me esquivara à pergunta: "Será possível o progresso sob tais condições?"

Repliquei:

— A ascensão e queda dos impérios é um negócio cíclico cuja amplitude e frequência não merecem reflexão, porquanto só levam a novas formas de vício. A alma individual, contudo, pode alçar-se acima desse torvelinho e assumir a iluminação como direito de nascença. Então, ficará livre da cultura e suas sequelas. Eis o único progresso que conheço.

Ele prometeu examinar bem minhas palavras e voltar mais tarde. Discussão em grupo à vista, pensei.

O último camarada sentou-se sem ser convidado e atacou logo seu problema:

— Estou farto da igreja. Os rituais não levam a nada e os dogmas são tão pueris que nem vale a pena contestá-los. Cansei-me de buscar Deus. Se ele não está aqui no Além, onde, com todos os diabos, estará?

Percebi que aquele raciocínio tortuoso de mestre zen acabaria levando-o para um beco sem saída, por isso olhei-o bem nos olhos e exprimi o mais claramente possível:

— Ama o teu próximo como a ti mesmo.

Ele não pareceu nada satisfeito. Despedi-o, sabendo que logo voltaria.

Como não havia mais ninguém à vista, resolvi partir. Normalmente, saio devagar para que meus admiradores possam apreciar-me sem pressa, mas agora queria dar o fora o mais rápido possível e voltei ao meu próprio jardim, onde me reclinei em meu salgueiro favorito e fingi estar à vontade.

Em poucos instantes, como diria você, mergulhei num estado meditativo sem propósito algum e vi-me flutuando no que gosto de chamar a "terra dos lilases". Na verdade, é uma terra lilás com matizes violeta, faixas ferruginosas e cor de âmbar empoeirado, envolta em sons muito musicais e suaves. Espaço agradavelmente informe, existe para proporcionar a seus poucos habitantes momentos ocasionais livres de preocupações. Algo assim como um banho astral, mas, diriam na Terra, muito melhor.

Já estive aqui muitas vezes. É meu oásis mágico numa existência tumultuada. Não me lembro da primeira vez que vim a este lugar e não sei onde se localiza. Talvez o haja inventado, sei lá. Só o que posso dizer é que é maravilhosamente relaxante.

Depois de um tempo indefinido, pressinto que Gordon virá me visitar. Quer dizer então que está dormindo à noite, no Canadá. Volto, com certa relutância, ao salgueiro, nosso local de encontro habitual.

Gordon, o "Autor"

Talvez esta seja uma boa ocasião para explicar que o conteúdo todo do presente livro não vai além de uns poucos "dias" de minha vida aqui como espírito. Não que, neste lugar, nós nos preocupemos com o "tempo"; mas, quando estamos envolvidos em atividades relativas ao plano terrestre, como eu estou neste projeto com Gordon, notamos, entre outras coisas, a frequência de experiências fora do corpo, e vem-nos então à mente a alternância de dias e noites a que vocês têm de sujeitar-se.

Gordon afasta alguns galhos pendentes, cumprimenta-me e senta-se na relva que, ele se lembra bem, é muito macia. Embora seu eu terreno ache o lugar bastante especial e sagrado, para seu eu astral é tão conhecido e confortável quanto um sapato velho. Contempla o jardim e balança a cabeça:

— Por que eu nunca consigo me lembrar da beleza esplêndida daqui? Amanhã, só terei uma vaga lembrança de um horto e de trechos de uma conversa agradável.

Peço-lhe que não se sinta tão mal. Pelo menos ele se lembrará de alguma coisa, podendo reunir os fragmentos do resto por meio de sua intuição e de minhas projeções mentais. Quando vivi na Terra pela última vez, praticamente não tinha consciência astral. Uns poucos sonhos dispersos e era tudo.

O velho Henry de fato tem pés de barro. É engraçado pensar nele agora porque me sinto muito distanciado dele. Tento explicar-lhe essa sensação. A melhor comparação que consigo fazer é com os filmes. Ele me lembra um herói que admirei na juventude, com cujos feitos impressionantes me identificava totalmente, mas agora me parece um pouco gasto, um pouco antiquado, um pouco fora de época — e até um pouco inoportuno de vez em quando. Mas você tem de perdoar seus antigos eus assim como deve perdoar aqueles que o ofendem, segundo diz a prece. O perdão é, afinal de contas, o que em última instância rompe os laços kármicos. Disse Jesus: "Perdoai-os, eles não sabem o que fazem."

Gordon interrompe:

— Não estrague tudo com esse papo de religião. Pensei que já estávamos bem longe do espiritualismo.

— Só quero provocá-lo — digo, com um sorrisinho.

Gordon carrega um pesado fardo de conflitos não resolvidos em vidas passadas — conflitos com a igreja e sua burocracia — e não consegue lidar muito bem com eles.

— Ainda apegado aos seus ressentimentos favoritos, Gordon?

Ele ensaia um sorriso complacente. Por que não o escolto àquele nível em que todas as encarnações são vistas ao mesmo tempo e ao qual já me referi várias vezes? Quer ir até lá. Eu próprio só tive um vislumbre do lugar e não sei bem se meus nervos bastam para repetir a experiência. Também não sei bem se um encarnado como Gordon suportaria a intensidade da visão. Digo-lhe que vou pedir instruções sobre o assunto. Estou sendo sincero, apesar da careta de Gordon. Até eu tenho um instrutor. Mas vejam: precisamos dar uma mãozinha a uma equipe de salvamento, pois estão ocorrendo fortes inundações na América Central.

Recebo o chamado enquanto conversamos: se você quer saber, algo como um apito agudo dentro da cabeça. Ele avisa a todos os interessados: catástrofe natural em curso.

Como sempre há alguém desejoso de ajudar em tais situações, várias equipes percorrem o globo constantemente à cata, por assim dizer, de confusão. São formadas por uma turma que se alterna entre os planos astral e físico, especializada no que vocês chamariam de administração da angústia e do terror.

Mostrei a Gordon esse tipo de trabalho, a seu pedido. Já lera alguma coisa a respeito em algum lugar e ficara interessado. Como muitos aspirantes, dissera a si mesmo: "Ora, isso é fácil!" Mas, como o choque emocional é muito grande nos casos que envolvem as massas, é necessário um equilíbrio bem maior da parte dos voluntários do que nos casos individuais.

Gordon ficou um pouco abatido nas primeiras tentativas. Aconselhei-o a permanecer mentalmente concentrado, mas emocionalmente desligado, como se estivesse na iminência de vencer uma importante partida de xadrez.

Isso parece bom em teoria e os aspirantes sempre aceitam a sugestão; mas, quando se veem diante de corpos queimados, mutilados, desmembrados, e inalam o cheiro pútrido do terror, a história é outra.

Sobrevoamos a América Central em busca de sinais de devastação. Não foi difícil encontrá-los. A tempestade rasgara uma larga faixa ao longo de vários países. Aqui e ali, víamos as luzinhas dos voluntários. Pousamos numa área inundada, que parecia necessitar de mais ajuda.

Gordon avistou um carro velho que afundava lentamente na lama. Estava certo: uma pequena família estava dentro dele. Notei uma aldeiazinha devastada correnteza abaixo e perguntei-me quantos corpos estariam sob as águas barrentas.

Ele se esgueirou para dentro do carro, a fim de ver como iam lá as coisas. Fiquei perto, pronto para ajudar. A energia das experiências fora do corpo lembra muito a vibração da Terra e é, portanto, mais facilmente reconhecível pelos mortos recentes.

Gordon descobriu logo mãe e filho abraçados no banco traseiro do carro, junto de seus corpos. O pai tentava sair pela janela, que acabara de abrir. O terror incontido dera-lhe forças sobre-humanas suficientes para nadar até a margem.

Gordon empurrou a mãe e o filho para fora do carro, perto do qual os deixou. A mulher não queria separar-se do marido: olhava à volta desesperadamente, à cata de sinais, enquanto Gordon a seguia com a maior paciência. Dava gosto de ver.

Descobrindo o pobre homem que se arrastava pela lama em busca de segurança, ela correu para ele na tentativa de ajudá-lo e, creio eu, de convencê-lo a ficar com ela. Obviamente, o marido não podia ouvi-la e a infeliz não conseguia entender por quê. Gordon, sabiamente, permitiu que aquele espetáculo patético prosseguisse por alguns instantes, até a mulher, exausta, desabar ao lado do companheiro que ainda respirava.

Eu via que Gordon já estava achando insuportável aquele fardo de angústia, sabendo bem que de nada adiantaria associar-se às lamúrias da mulher. Mas insistia. Julguei melhor permanecer por perto, a fim de reforçar sua decisão.

Ele inclinou-se para ela e tentou falar-lhe com doçura. Queria levá-la, e ao filho que a coitada apertava nos braços, para longe do cenário de devastação, mas achei que suas chances eram poucas. A mulher não se dava conta de nada: da inundação, de sua própria morte, do aparecimento de Gordon. Agarrava-se ao filho e gemia.

Pedi que Gordon recuasse e realizei minha melhor personificação de um anjo radioso da tradição católica. A mulher foi imediatamente afetada e tomou-me por algum tipo de santo protetor dos viajantes. Não pude impedir que caísse aos meus pés, mas depois de alguns segundos de veneração consegui erguê-la e fazer com que pousasse um dos braços no meu ombro. Enquanto nos alçávamos para ir ao centro de recepção mais próximo, acenei para que Gordon fosse cuidar do corpo do marido.

Parece que fez isso, pois ainda estava no posto depois que instalei mãe e filho num dos paraísos tropicais usados nessa operação, uma das maiores a meu ver. A catástrofe foi talvez cinco vezes mais grave que o terremoto do Irã, ocorrido poucos meses antes.

Antes de permitir que eu partisse, a mulher implorou para que eu salvasse o marido. Chamando-a de "filha", termo que me pareceu mais eficaz, sugeri-lhe que rezasse pela libertação segura do companheiro. Isso deve tê-la confortado, pois deixou que eu me fosse.

Encontrei Gordon com o homem ferido e choroso. Notei que estava quase entregando os pontos. Ocorrera-lhe que melhor fora o homem morrer, pois assim a família se reuniria, e essa ideia o fazia sentir-se culpado. O sentimento de culpa começava a criar uma contrapartida à angústia do ferido e eu lhe disse que, se não parasse com aquilo, ficaria pior que ele.

Ele perguntou se poderia voltar ao meu jardim. Eu achava que não suportaria mais a pressão. Dei-lhe um rápido abraço e ele partiu. Imagino que passou algum tempo sob o salgueiro, recuperando o equilíbrio antes de regressar ao sono dos vivos, pois fiquei tão ocupado com os resgates que só voltei bem mais tarde.

O homem ferido, embora perto da morte, poderia aguentar-se, de modo que parti em busca de problemas mais graves. Havia inúmeros voluntários trabalhando, mas não tardou que eu descobrisse vários refugiados pasmos, expelidos há pouco da prisão do corpo.

Muitos pareciam católicos, de sorte que, enquanto me dei ares de santo, tudo correu bem. Só alguns apresentavam resíduos do tormento mental que distingue as almas acostumadas a julgar-se e convictas de não serem suficientemente boas para Deus. E depois de festivas reuniões no centro de recepção, um pouco mais tarde, fui embora.

A Sensibilidade Trágica

O assunto do último capítulo traz à tona certos pontos que pensei em abordar por algum tempo e dos quais Gordon sem dúvida me lembrará na próxima visita, caso eu agora os esqueça.

Primeiro, examinarei o que costumo chamar de "sensibilidade trágica". Os leitores deste livro, e talvez outros com a mesma mentalidade que se sintam motivados por suas revelações sobre a vida eterna, não devem desanimar se, procurando transmitir o que leram, depararem com um alto grau de ceticismo.

Pelo que pude perceber deste ponto de observação privilegiado, longe do fluxo dos desenvolvimentos históricos, a sensibilidade trágica é a única coisa que restou a muitas pessoas desde o advento do materialismo científico e do consequente colapso das certezas religiosas.

Os arroubos de piedade e compaixão que ela desperta permitem aos seres humanos sentir-se bons num mundo que, aparentemente, está enlouquecendo.

Quando você se aproxima das pessoas e lhes diz que a transição é suave e o Além é mais divertido do que imaginam, priva-as de certo modo do vento trágico que lhes enfunava as velas e deixa-as sem um roteiro para a viagem. Afinal, que significaria a vida na Terra sem a luta para manter-se com a cabeça fora da água, tanto física quanto espiritualmente?

A ideia de que o sofrimento é criado e mantido pela ignorância humana, e não existiria sem essa ignorância para apoiá-lo, é uma cruz pesada demais para que algumas pessoas a suportem. Suportariam, sim, a cruz menos pesada do sofrimento porque assim se sentem mais valorizadas.

Na defensiva, essas pessoas decerto lhe pediriam provas de suas afirmações. Aconselho o leitor a conter-se porque a maioria dos céticos não quer sair do seu castelo de areia e prefere ficar no comando do seu território movediço, ironizando os visitantes.

Isso me traz à mente outras reflexões a respeito de Gordon. Um dos aspectos mais interessantes, e talvez único, deste nosso trabalho conjunto é que ele revela pouquíssima ou nenhuma compulsão para exigir provas.

Ele declara que não precisa de subsídios para provar seja lá o que for a quem quer que seja, embora se sinta no fundo do poço do plano físico olhando para cima, para a luz do astral. E garante ter eliminado a dúvida não só do seu vocabulário, mas também da sua consciência.

Muitos estudiosos das experiências fora do corpo ainda sentem a necessidade de juntar provas do fenômeno para convencer os céticos — e eles mesmos.

Gordon afirma querer se tornar um exemplo para o homem futuro que, segundo me diz, passará do exercício do intelecto para o exercício da intuição, permitindo ao conhecimento florescer sem a sombra da dúvida. Convicto de que a idade da razão está chegando ao fim, na verdade reitera minha própria postura ao concluir que a prova não anula o ceticismo, apenas aumenta a vontade de contestar.

A lembrança do desejo (ainda) não realizado que Gordon exprimiu de vivenciar o nível de consciência onde todas as encarnações aparecem simultaneamente me leva ao tema que chamei de "Além do Céu".

Assim como, na Terra, uma porcentagem relativamente baixa de almas se mostra corajosa o bastante para, deixando a realidade consensual das cidades e aldeias, ir explorar o ar rarefeito das altas montanhas, assim, em espírito, apenas uns poucos aventureiros abandonarão as diversas realidades consensuais dos mundos paradisíacos para investigar os estados de alta energia que se situam além.

Seus paraísos, afinal, são céus de realização pessoal e cultural. Não são muitos os que se cansam dessa bem-aventurança eterna. As histórias sobre os sistemas informes, mas perceptíveis, que jazem a distância quase nunca atraem a alma convencional, incapaz de ver a importância de renunciar à personalidade em favor de algo muito semelhante a uma gota de água no oceano. Contudo, para o autêntico aventureiro, o êxtase provocado pela renúncia, ainda que passageira, à personalidade vale bem o esforço.

É difícil explicar a transcendência sublime para quem acha já ter obtido o paraíso encantado do astral superior ou do mental inferior. Só algumas almas ousadas anseiam por entender como o ser existe além da energia.

Os seres humanos que passeiam pelas paisagens esplêndidas do Céu não querem ouvir falar de um estado de bem-aventurança no qual os profetas não têm prestígio, os salvadores não têm lugares reservados e as sociedades, ideais embora, não têm importância.

Confundir-se com a luz não é atrativo para seus eus presos à identidade. Os notáveis empreendimentos da comunidade e da cultura atraem-nos constantemente; são sem dúvida empreendimentos maravilhosos, mas essas almas renunciam a eles para continuar onde estão.

Histórias

Espécie de espírito guardião que sou, entro em contato com muitos tipos de almas em diversas circunstâncias curiosas. Neste capítulo, quero contar algumas dessas histórias. As pessoas envolvidas não são de minha responsabilidade exclusiva, mas, como alguém que possui, digamos, certas especialidades, atraio para minha órbita as que necessitam de determinado incentivo.

Há, em primeiro lugar, as almas que consideram desejável e mesmo encantadora a evolução obtida à custa do sofrimento. Dou a isso o nome de "mentalidade do crucificado" e nem sempre sou ressarcido por meu bom humor. Existem pessoas que levam bastante a sério esse tipo de coisa, baseada naquele reverenciado exemplo acontecido nos confins do Mediterrâneo oriental há algum tempo.

É, mais ou menos, o caso de minha irmã Ann com a morte súbita infantil que anda planejando, mas em escala maior de sofrimento. Sem dúvida, aqui no mundo dos espíritos, a dor é algo de que se pode zombar; aí embaixo, porém, a história é diferente, com seu cortejo de agonia e desprezo.

Este é um momento tão bom quanto qualquer outro para revelar que, às vezes, os projetos e conselhos dos guias não se concretizam da maneira esperada. Você pode estabelecer as coisas com a maior clareza, levando em conta todas as possíveis variantes e usando todo o seu conhecimento sobre psiques atormentadas — para só conseguir, na melhor das hipóteses, alimentar esperanças. Mesmo aqui.

Um caso recente: certa alma fez poucos esforços durante várias gerações, optando pelo egoísmo e o caminho mais fácil. Persuadida pelos conselheiros a tomar uma atitude exemplar, encontrou a solução na "mentalidade do crucificado".

Isso pressupunha tentar ajudar outra alma da mesma linhagem de sádicos controladores. Afinal, todo açougueiro precisa de ovelhas sacrificiais. Ele concordou em nascer como o terceiro filho de um ogro onívoro e sua tímida esposa.

Havia um tênue vínculo kármico entre eles, que não chegava a constituir uma dívida. Tratava-se mais de um ato de dedicação e perdão. Ele fora irmão e amigo dessa alma demente várias vezes, inclusive durante a existência com o pai violento e alcoólico que a transformara num inferno. Sabia que agora não seria nada fácil, mas estava tão dominado pela ilusão, eterna companheira do amor incondicional, que julgava poder suportar tudo. E não cause surpresa o fato de esse império da ilusão ser conservado por diversas vidas nas quais preferiu o caminho mais fácil: sucede, não raro, que a alma já perto da linha de chegada sucumba à ociosidade.

Por dez meses passou fome, apanhou e foi repreendido o tempo todo, enquanto a mãe, apavorada, apenas olhava e inventava desculpas para as autoridades. O sofrimento constante e o sentimento esmagador de abandono arrancavam-no do corpo com mais frequência do que é comum em bebês; e nesse estado de expansão, tentava projetar a luz do amor dentro de casa. Conseguiu, sim, dissipar parte dos eflúvios maníacos dos espíritos malignos que alimentavam esse inferno doméstico, mas não resolveu a fundo o problema.

Finalmente, de cabeça quebrada e espinha partida, atravessou os diversos níveis conducentes ao oceano de bênção onde só se assume alguma forma por brincadeira.

A continuidade desta narrativa não exige o relato do julgamento dos dois degenerados. Foi o ritual costumeiro de ira incontida e vingança justa, esse vigoroso clamor por lances ainda maiores de crueldade que é a característica daqueles que ficam presos ao medo. Era de ver a confusão à porta do tribunal! Nesse nível, as emoções violentas se estampam em tons rubros e biliosos nos rostos distorcidos.

Mas, entre as pessoas chocadas que lá estavam, duas eram cristãs sinceras e suas preces silenciosas abriram um pequeno espaço psíquico para que os espíritos superiores enviassem bênçãos de paz, de modo que, se ao menos um ou dois dos presentes superassem sua cólera, perguntando-se se acaso não haveria em tudo aquilo algum significado, a ignorância e o medo arrefeceriam um pouco.

Há, é claro, um ponto positivo nessa contínua conversão de energia. Uma alma que visito de vez em quando elevou suas obsessões com o sofrimento e a dor ao nível de "forma de arte" ou "terapia".

É uma dominadora de alto nível. Homens sedentos de controle e poder, sentindo-se misteriosamente frustrados em seu desejo, procuram-na para ser subjugados e punidos, pois só isso lhes proporciona alívio.

Ela não esconde o prazer que sente nessas sessões, onde fica livre para controlar e se impor. "As necessidades de todos são atendidas", diz-me quando está fora do corpo, como aconteceu esta manhã (após o resgate das vítimas da inundação), algo de que ela se lembra vagamente como um sonho agradável.

Observo que esses padrões de comportamento ainda são obsessivos e as almas estão longe de compreender sua verdadeira natureza. "Ah, sim", diz ela fulgurante, "mas eu as aproximo dessa constatação. Os relacionamentos que mantenho com meus clientes de longa data às vezes são mais autênticos e afetuosos do que com meus amigos e familiares".

Diz saber que tudo não passa do jogo divino das energias no plano físico. É o tipo de jogo que lhe agrada; além disso, uma garota precisa ganhar a vida, não?

Aconselho-a a não acreditar em tudo que lê nesses *best-sellers* modernos e separamo-nos rindo. Quer dizer, ela se vai com um meio-sorriso, provavelmente para atender a um dos chamados da natureza, e eu continuo de bom humor, perguntando-me quem aparecerá em seguida.

Como é manhãzinha na maior parte da América sob minha responsabilidade, provavelmente ninguém. Wanda, considerando-se seu negócio e sua inclinação pessoal, quase sempre se deita antes do nascer do sol, o que a traz a mim depois dos outros frequentadores, que cumprem um horário mais convencional.

No entanto, foi sua visita e conversação que me induziram a vasculhar os arquivos à cata de mais histórias, nem todas contemporâneas da exposição em tempo real desta obra, mas ainda assim recentes e relevantes.

E quanto a Glenn e Helen naquela cabana do bosque, perto daqui? Eis um verdadeiro arquétipo de Romeu e Julieta. Envenenados pelo gás no carro do pai de Glenn, há alguns meses, tinham ambos apenas 15 anos e estavam, como bem se pode imaginar, apaixonadíssimos um pelo outro.

Ocupados com o seu próprio amor e devoção antes que do ressentimento e ódio às famílias decididas a mantê-los separados, flutuaram para fora do carro e foram ter ao retiro idílico na mata com que frequentemente sonhavam em seus encontros furtivos depois das aulas.

Guiados por espíritos invisíveis, encontraram a cabana como que por mágica e lá se estabeleceram imediatamente, dispostos a transformá-la num lar. Um sonho se realizava. Apegaram-se um ao outro como um casal feliz, unido há décadas. Quase autossuficientes, foram deixados em paz até o momento em que pareceu oportuna uma intervenção amistosa.

Seus guias me asseguraram de que não foram afetados pela emoção de seus funerais, tamanha a sua dedicação mútua. Cheios de orgulho ou tomados de remorso, talvez ambas as coisas, os pais sofreram em silêncio. Tal é o karma provocado pelo orgulho e a ambição sem freios.

Esta é a minha segunda visita. Oferecem-me chá e biscoitos no jardim, onde ficamos admirando os pássaros. Alguns andarilhos nos saúdam da estrada. Glenn informa que são conhecidos e Helen sorri de alguma piada particular. Faço as perguntas que sempre se fazem a novos vizinhos: estão satisfeitos com a casa? Vão ficar por aqui mesmo? Precisam de ajuda?

Helen brinca:

— Então estamos mortos, hein?

Faço um aceno de cabeça e sorrio:

— Você acertou, Helen. Não há como negar. Como se sente?

— Ótima — diz ela. — Henry, melhor não poderia ser!

Glenn acrescenta:

— Sinto-me leve como uma pluma.

— É porque você é leve como uma pluma.

— Está me gozando, não?

— De modo algum, meu caro, tudo foi pesado há muito tempo.

Prossigo explicando a ausência de gravidade ou, melhor dizendo, seu excesso no plano físico e por que, lá, as toneladas por centímetro quadrado nos fazem tão pesados. Aqui é diferente. Chato que sou, pergunto se já tentaram voar. Claro que não. Dou-lhes o exemplo alçando-me a alguns metros do solo e acenando-lhes lá do alto. Glenn diz que vai tentar, mas quer saber primeiro como se faz.

128 Aproveitando Cada Minuto da Vida Após a Morte

— Basta imaginar — explico.

— Imaginar o quê?

— Que está flutuando.

Ele imaginou. E, considerando-se que era a primeira vez, não se saiu muito mal. Um pouco contido, sem grandes volteios, como quase sempre acontece. Encorajo-o a dar uns piques rasantes pelo jardim, mas Helen grita:

— Eu primeiro!

Pousando ao lado dela e pegando-lhe a mão, Glenn ergue-a com segurança. Na verdade foi apenas um salto, suficiente para convencê-la, mas logo estavam ambos pairando sobre o jardim, num acesso de riso. Aquela alegria infantil é agradável de ver, mesmo para um sujeito experiente como eu.

O grito de Glenn "Ei, cara, estamos mortos mesmo!" resume tudo. Não pude resistir e juntei-me a eles, mostrando-lhes algumas manobras radicais. Por aqui, todos são um pouco ginastas, expliquei aos dois. E são mesmo: só as almas muito cerimoniosas resistem ao apelo de voar depois que aprendem os macetes.

Mais tarde, mostraram-me a cabana, que, embora mobiliada com simplicidade, lhes dá muito orgulho — apesar dos equívocos de Helen quanto às cortinas. Certa vez, acordaram, dizem-me, sem saber como haviam parado ali vindo do carro do pai de Glenn. Sorrio e pontifico que misteriosos são os caminhos de Deus, e que não deveriam ter cortinas se não precisam delas. Helen fecha a cara, mas Glenn não se importa.

Helen se diz intrigada com a quantidade de comida na despensa. Quanto mais comem, mais sobra. Afirmo-lhes que, de novo, é fruto da imaginação: quando querem comida, ela aparece. Glenn pergunta sobre vasos sanitários. Não há, respondo, a menos que você queira ter um. Isso nos leva de volta às formas-pensamento. Esse conceito pouco os impressionou da primeira vez que o mencionei e agora também não parece interessá-los.

Explico que a comida é imaginária e logo se desintegrará se pararem de pensar nela. E para onde irá?, Glenn quer saber. Para lugar nenhum. Ou então se transformará em partículas tão minúsculas que serão como nada.

E quanto a bebês?, pergunta Helen. Andaram fazendo amor como loucos desde que chegaram e nada aconteceu. Sinto muito, por aqui não se fazem filhos. Só na Terra. Helen fica profundamente desapontada. Mas — continuo alegremente — vocês sempre poderão adotar um, há inúmeros bebês mortos que precisam de cuidados. Vou levá-los a um orfanato do plano astral quando estiverem prontos. Glenn declara que precisarão discutir aquilo a sós.

Flutuo até a copa das árvores e faço um gesto de despedida. Eles ficam surpresos. Grito:

— Se precisarem de alguma coisa, basta me chamar.

— Mas como? — pergunta Glenn. — Não há telefones.

— Pensem em mim e virei.

Riem um pouco nervosamente e vou-me. De vez em quando, gosto de uma saída dramática.

E de uma entrada também. Cruzar uma porta qualquer, falando alto.

Desta vez é a casa de repouso de Bob e Carole. Lá está ele em sua sala favorita, lendo Proust no original — algo que nunca tivera tempo de fazer na Terra e nunca tem suficientemente aqui. Já não o importuno mais a respeito disso. Afinal, vive com uma mulher que lê Ibsen em norueguês e, portanto, minhas chances são poucas.

Entro, cumprimento e me dirijo ao quarto de Kelly, decorado, convém dizer, com fotos de Mel Gibson e Tom Cruise. Encontrei-a aqui não faz muito, logo depois de sua morte num carro roubado, em que empreendera a grande viagem de seus sonhos, informou-me com orgulho, embora lhe custasse a vida. "Sempre achei que era imortal", gabou-se no primeiro encontro. Ah, os jovens de hoje!

Ela me informa sobre sua primeira visita ao feto que está por vir. Descreve-o como uma bola concentrada de luz, flutuando num mar distante. Pertence, ao que parece, à sua irmã mais velha recém-casada, Marian. Será ótimo, diz ela, isso lhe dará a chance de mostrar um pouco de alegria e amor à mãe, Gillian, que ainda lamenta sua morte. Mãe ou avó, que diferença faz?

Quer ficar limpa e admite ter sido uma adolescente rebelde, que só pensava em si mesma e causava a Gillian, tanto quanto a seu padrasto Derek, incontáveis preocupações com seu comportamento sem freios.

Embora, antes, eu a houvesse aconselhado a adiar sua reentrada no plano físico, temendo uma repetição inútil de seus padrões comportamentais, outros a convenceram de que o risco valia a pena. Ela me garante que agora fará tudo às direitas e tomará lições sobre como evocar a lembrança de outras vidas.

Se funcionar, ela será uma dessas sábias e maravilhosas crianças de 3 anos capazes de discorrer sobre existências passadas e impressionar as pessoas com frases profundas durante o café da manhã.

Eu preferiria que ela permanecesse por aqui um pouco mais e digo-lhe isso francamente; entretanto, ao que tudo indica, cabeças mais espertas que a minha irão prevalecer. Pergunto se consultou a irmã a respeito. Parece que não; mas pretende fazê-lo da próxima vez que ela estiver adormecida. No momento, precisa assistir a uma aula. Está com pressa.

Despeço-me e desço as escadas para ver Carole, que acaba de voltar de uma palestra a cargo do próprio Ibsen. Com orgulho, informa-me que voou até a versão astral da Noruega só para ouvi-lo. Isso só leva alguns instantes, o tempo de se imaginar no local, mas as pessoas que gostam de voar, como Carole, acham tudo muitíssimo divertido.

Pergunta-me como estou passando e ri quando digo que me sinto ótimo. Acha-me uma personagem real. Sempre lhe digo que sou muitas personagens reais, e isso a faz rir ainda mais. Bob está tomando vinho enquanto lê Proust e talvez devamos nos juntar a ele para discutir o papel da literatura na evolução cultural.

Bem, digo rindo, talvez eu ainda disponha de alguns minutos. Mãe e filho estão fora, num concerto, explica Carole com uma piscadela, sinta-se à vontade. Interrompemos Bob, que parece tranquilo como sempre. Carole senta-se em seu colo e começa a tagarelar em norueguês. Rindo, vou buscar o vinho.

Mas em vez de falar sobre o papel da literatura na evolução cultural, acabamos discutindo meu projeto com Gordon. Embora eu duvide que se lembre, eles já se encontraram em algumas ocasiões. Carole, em especial, cita uma discussão que ambos travaram, há décadas (calendário terrestre), quando ele se sentia deprimido e com tendência ao suicídio por causa do rompimento de uma relação.

Segundo Carole, ele falou muito a respeito de suicídio, afirmando que, a seu ver, problemas de relacionamento eram os piores que havia na Terra. Bob não consegue esquecer um caso amoroso que terminou muito mal, antes de conhecer Carole; esse caso ainda o leva a considerar quão autodestrutivo se tornou, bebendo e metendo-se em brigas.

— Fui seu pequeno anjo salvador, não?

— Sem dúvida, querida. E acho que fez o mesmo em outras vidas.

— Deveríamos checar isso.

Eu os acusaria de espiritualmente preguiçosos caso não fosse igualmente mau, para não falar que Gordon lerá isto e ficará apavorado. Quer dizer então que meu guia espiritual não conhece todas as suas vidas passadas? Talvez me troque por um modelo novo, capaz de esclarecê-lo devidamente.

Bob sugere que eu faça algumas entrevistas com pessoas comuns num dos grandes centros de acolhida, para que os leitores tenham uma ideia da variedade de reações possíveis à transição. Tudo isso a partir das primeiras impressões.

Parece-me uma boa ideia e, depois de encerrar o papo, vou embora para reaparecer no centro de acolhida às margens do lago Ontário (versão astral).

Várias almas se divertem na praia. Crianças brincam, umas dentro da água, outras por cima. É outro truque que se pode praticar por aqui, muito fácil quando alguém ensina. Conforme eu disse a Glenn, é mera questão de "imaginar".

Abordo, de início, duas mulheres. Cumprimento-as e me sento ao seu lado, explicando meu objetivo. A mais nova foi, na verdade, a mãe da outra na Terra, mas está aqui há dois anos. A filha genética, que parece mais velha, só operou a transição há dois dias e é a primeira vez que sai a passeio. Vítima de câncer, não consegue acreditar como tudo foi tão fácil. Um ano de sofrimento se foi num passe de mágica. Algo assim como carregar durante anos um balde cheio e descobrir que basta pousá-lo no chão, diz ela. E é ótimo estar de novo com mamãe, mesmo tendo deixado os filhos na Terra. Eles, contudo, já têm idade suficiente para cuidar de si mesmos e, se não tiverem, deverão, com os diabos, aprender rápido! Isso, como bem se pode imaginar, é dito com um riso devidamente partilhado pela mãe.

Agradeço e me afasto. O entrevistado seguinte é um homem mais velho com uma mulher mais nova, sua primeira esposa morta há uns 20 anos e, é claro, achando tudo uma maravilha. Ela veste uma roupa um tanto antiquada e penso perguntar a ele sobre os tempos em que eram jovens. O velho ainda traz as roupas com que morreu: como estava quente por lá, calção, sandálias e camiseta sem mangas.

Ele passeava com o cachorro quando apareceu aquele caminhão roubado, fazendo a curva em alta velocidade. O danado do cachorro não sofreu nada, diz ele com um risinho maroto; de qualquer modo, não gostava do bicho, que pertencia à esposa. A segunda. Uma sem-vergonha. Não a suportava e não conseguia viver sem ela. Um verdadeiro pesadelo. Mas agora está de novo com sua Jessie e, por Deus, achando-a ainda melhor que antes! Dizendo isso, abraça-a e lhe dá um grande beijo.

Ele parece o pai dela, mas sabe que está ficando cada dia mais jovem. Ótimo, pois nunca gostou de ser velho. Jessie afirma que se sente muito feliz por estarem juntos de novo. Protegeu-o durante todo esse tempo e tem a casa pronta, para onde o levará tão logo deixe o hotel.

Com um até logo, afasto-me. Encontro duas crianças, um menino e uma menina de uns 5 ou 6 anos, fazendo castelos de areia. Pergunto como vão. Eles interrompem a brincadeira e me olham. Sinto-me um pouco inquieto, mas me sento ao lado deles.

Explico que ando percorrendo a praia perguntando às pessoas como vieram para cá. A menina, graciosa como Shirley Temple com seus cabelos encaracolados, informa-me que são de Detroit e foram mortos num assalto. Pelo menos ela, o irmão e o pai morreram logo, mas tiveram de seguir a ambulância até o hospital para apanhar a mãe, que faleceu na emergência. O pai e a mãe estavam ali por perto.

Viro-me e descubro o que se diria a um casal tomando banho de mar em qualquer parte do continente. O homem se ergue, apoiado num cotovelo:

— Sim, estamos todos mortos e mal podemos acreditar nisso.

A mulher, sentando-se, sorri:

— Se quer saber, foi a melhor coisa que fizemos como família. Não fosse pela dor de nossos pais, tudo seria perfeito.

O marido a repreende:

— Bobagem. Se sua mãe estivesse aqui, você faria tudo para dar o fora.

Pergunto quando chegaram.

— Há uma semana talvez, não sei bem — confessa o pai.

— O enterro foi há uns três dias — acrescenta a mãe. — Bem, pelo que calculo.

Rio e agradeço-lhes o tempo que me concederam.

— Que tempo? — brinca o pai. — Se achar algum, volte aqui e me conte.

Deparo com duas adolescentes estendidas em esteiras. Uma está de bruços, lendo uma revista; a outra, sentada de pernas cruzadas, pintando cuidadosamente as unhas de azul. Nem parecem notar a minha presença.

— Você vai ao desfile de modas?

— Sim, por que não? Parece divertido...

Peço desculpas pela intromissão e digo-lhes a que venho. A leitora ergue os olhos e declara calmamente:

— Meningite.

A manicure imita-lhe o tom e declama:

— Adolescente profissional do sexo morta por cliente louco. E há outras duas aqui com a mesma história — e indica com um sinal de cabeça as ditas cujas, também estiradas ao sol e aparentemente adormecidas.

Meu "Há quanto tempo?" é respondido com um "Talvez um mês".

— Tem saudade dos seus pais?

— Está brincando, cara! Foi ótimo vir para cá. Sabe o que é ficar com a bunda congelada todas as noites na rua, à espera de clientes? — Olha-me de cima a baixo. — Não, acho que não. Shelley é minha melhor amiga e só a conheço há um mês.

Mostro-me grato por sua contribuição e vou em frente.

Avistando um sujeito de meia-idade prestes a dar um mergulho, avanço em sua direção.

— Excelente resort, não? Nem acreditei em minha sorte quando vim parar aqui. — Estende-me a mão. — Bernie Andrews, da Acuras and Lexus. Vendedor do Mês em abril, maio e junho. Em julho, nem se fala. Ultrapassei a cota. E quanto a você?

Mostrou-se assombrado ao saber que morri em 1963. Ele só nascera em 1953. Vamos até a beira da água. Pergunta-me o que tenho feito esse tempo todo, como se me perguntasse há quanto tempo estou de férias.

Cito algumas oportunidades que ele terá quando se acostumar à nova vida. Conseguir uma boa casa é a única coisa que parece interessá-lo agora. Admite se sentir um pouco só e meio deslocado, mas fica contente ao saber que a esposa anda cheirando tanta coca com o amante que logo estará também no pedaço.

Advirto-o de que ela talvez só queira conviver com viciados mesmo depois de morta. É compreensível, ele mesmo fez isso algumas vezes, atormentando o traficante por causa de uma dose. O bastardo não lhe dava nenhuma, diz rindo. Felizmente era um usuário apenas de fim de semana e conseguiu superar o vício antes de morrer.

Salta para a água e aceno-lhe enquanto ele se afasta, bracejando e muito satisfeito consigo mesmo. Uma pequena mostra de caráter, dirá você, e com razão. Para isso, o astral é tão bom quanto o físico. Quem gosta de observar pessoas se diverte muito por aqui.

No jardim que conduz a uma das várias residências alinhadas à borda do lago, dou com um grupo de velhinhos jogando *bridge*. Morreram no incêndio de seu asilo. Foi bom. O lugar chamava fogo. E as enfermeiras, umas doidas. As famílias os deixaram lá para apodrecerem, à espera da herança. Ed, Stan, Joyce e Geeta. Se você conseguir imaginar quais foram suas últimas frases arrevesadas, terá entendido tudo.

Enquanto me afasto, Joyce grita:

— E pode dizer-lhes que a comida é fabulosa por aqui!

Com um aceno de cabeça, mostro que captei a mensagem. Sou bom nisso.

O local parece mesmo um típico balneário às margens de um lago. Isso pode parecer um pouco tolo e sem imaginação, mas o objetivo é fazer com que os mortos recentes se sintam em casa. Há pelo menos meia dúzia deles estendidos na praia, de diferentes camadas sociais e gostos.

Não que aqui se estimulem as discriminações de classe. As pessoas podem ir aonde quiserem desde que permaneçam dentro de sua "zona de seguran-ça" vibracional, se é que posso me exprimir dessa maneira. Simplificando, digamos que o movimento horizontal está ao alcance de todos, enquanto o vertical é só para quem conseguiu transcender as limitações autoimpostas.

Noto algumas pessoas que querem jogar tênis. Duplas mistas, segundo parece. Apresento-me e explico o que quero delas. Todas riem. Morreram numa colisão de vários veículos, em meio à neblina da manhã, numa ro-dovia interestadual. Deborah e Steve eram colegas de trabalho e amantes secretos. Wanda é cunhada de Hank e estava com ele enquanto procurava um emprego.

Todos eles deixaram filhos e cônjuges, mas procuram se ajeitar o melhor que podem. E as coisas aqui são tão agradáveis que se sentem um pouco culpados por deixar que outros removam a neve e paguem as hipotecas. Suas transições foram muito simples, pois acorreram ao local do acidente vários espíritos dispostos a ajudar.

Wanda insiste nesse ponto, dizendo:

— Não se esqueça de mencionar o fato no livro, quero que todos fiquem sabendo.

Na Terra, ela gostava de ler sobre experiências de quase morte, principalmente o caso de uma mãe de três filhos que ficou tão feliz ao abandonar o corpo que nem por um instante sentiu saudade deles.

Bem, Wanda não concordou com a mãe quando leu essa história, mas agora a compreende. Morreu instantaneamente na colisão e seus primeiros instantes após o passamento foram um êxtase indescritível. Em suas palavras, "Diga isto: uma bem-aventurança fora de qualquer comparação e olhem que não sou nem um pouco religiosa".

Sem dúvida, acrescenta rindo, já está tarimbada, pois morreu há pelo menos uma semana; e sem dúvida toda essa diversão está se tornando maçante, mas o que fazer? Como diz seu guia, todos vêm cair aqui mais cedo ou mais tarde, então para que se preocupar?

Deborah e Steve dizem-me, com essas frases misturadas tão próprias dos casais, que secretamente sempre quiseram ficar juntos, mas nunca pensaram que era preciso morrer para consegui-lo. Seus cônjuges não querem saber deles, apenas embolsam o prêmio dos seguros de vida. Os guias lhes asseguraram que tudo isso é karma, mas eles ainda não tiveram a coragem de conferir: "Estamos de férias por enquanto", sorriem.

Hank chegara a um impasse na vida, sem saber que direção tomar. Divorciado há muito tempo e longe da filha, agora na Costa Oeste com a mãe, ficou andando em círculos durante anos, tornando-se cada vez mais infeliz. Não, não: só para acabar com as desconfianças, ele não tivera um caso com Wanda.

De fato, deixá-la em paz enquanto ela procurava um novo emprego foi a primeira coisa decente que fez em muitos anos. Estava ocupado demais preocupando-se consigo mesmo, é o que acha agora. Desejam-me boa sorte em meu projeto, agradeço-lhes as informações e afirmo que meu amanuense na Terra ficará fascinado por suas histórias.

Passo à sala de refeições, onde algumas pessoas almoçam. Olho à volta, calculando a fome de cada um, dos contidos aos vorazes: a família humana se alimenta.

Decerto, nesta fase inicial de suas carreiras *post-mortem*, refeições regulares são indispensáveis — e elas são tão deliciosas que ninguém veria motivo para recusá-las. Dizem-lhes que, quando se acostumarem à nova realidade, sentirão cada vez menos necessidade dessa nutrição substancial, mas eles, no fundo, não acreditam. Fingem que entenderam, para não ofender, e continuam devorando. Não posso censurá-los, pois também fazia o mesmo no começo.

Em meio a esse alegre festim, ocorre-me que seria bom levar você a um rápido giro no elevador astral, por uma questão de contraste. Depois das almas ainda apegadas a seu alimento, conhecerá as que ainda se aferram às suas emoções, que nutrem os vínculos pessoais e estão aprendendo a navegar nas águas da excitação; em seguida, as que ainda cultuam a infinita versatilidade criativa dos pensamentos; e, por fim, as que, tendo dominado tanto a emoção quanto o intelecto, renunciaram ao corpo e à identidade para mergulhar alegremente no inefável.

Digo inefável porque, nos mundos informes, a descrição verbal só confunde ainda mais, mesmo leitores relativamente sofisticados. Basta dizer que, quando uma alma deixa o astral e gasta a capacidade que adquiriu absorvendo onda após onda de pensamento, conclui que já fez o possível e que mesmo a criatividade tem seus limites.

De lá, será fácil avançar para o informe, onde o apego à forma e à personalidade se dissolve. A pessoa constata que existir é o prazer supremo, que a luz é sua própria recompensa. Ela é luz rodeada de luz, a versão consciente do sorriso. Pode-se até dizer que sorri por dentro de si mesma.

Passagem de um Nível a Outro no Âmbito dos Planos

Para mim é fácil, pois sei fazer. E sei porque Jack me ensinou — Jack, meu guia espiritual golfista — algum tempo depois de me acostumar à nova realidade. Notei que ele conhecia a matéria e pedi-lhe instruções; ele o fez, provocando-me e gozando-me o tempo todo.

Também para você não será difícil aprender quando chegar aqui, e certamente aprenderá, sobretudo se estiver disposto a ir além do comodismo. Mas, enquanto esse momento não chega, vou lhe dar uma amostra.

Você já teve um vislumbre dos níveis inferiores, ou pelo menos de alguns deles. Acredite-me: existem muitos outros. Por exemplo, favelas astrais onde os raivosos, os angustiados, os aflitos e os desiludidos perambulam, tomando iniciativa apenas para atormentar e ser atormentados. Sem dúvida, não são favelas para os simplesmente pobres, são favelas espirituais onde, na maioria das vezes, ricos depravados se reúnem para regalar-se mutuamente em trajes de farrapos.

Para cada cidade americana física existem duas ou mesmo três contrapartidas astrais atendendo aos vários níveis de evolução espiritual. Sim, três réplicas de Nova York, três de San Francisco, três de Buffalo. Parece fantástico demais para ser verdadeiro, mas é, podem acreditar.

Não se consegue superestimar as dimensões do mundo espiritual. Ele se estende a perder de vista. Imagine atravessar o continente sem nunca ferir os pés, sentir fome ou entediar-se. Viajar pelo astral é assim.

Vamos dar uma espiada na Buffalo de nível inferior. Não difere muito da St. Louis ou Chicago do mesmo nível. As mesmas caras, os mesmos tipos, as mesmas atitudes. Matar ou morrer. Um comendo o outro. Sim, é o que acontece ali.

Na escala entre malandros e criminosos, atormentadores e atormentados prosseguem em sua ronda, sem saber nem que estão mortos nem que sua realidade se compõe de formas-pensamento e expectativas. Afinal, tudo parece como antes e as pessoas agem quase da mesma maneira.

Uma faca não pode matar nem realmente esquartejar, mas intimida os ignorantes e mantém os agressores a distância. Não há nada a roubar exceto formas-pensamento; estas, porém, parecem reais o bastante quando você as agarra. Olhe, algo está acontecendo: uma briga de porta de bar. Dois grupos de jovens negros, um com faixas vermelhas na cabeça, o outro com faixas azuis, esganam-se exibindo uma ferocidade incansável, só possível aqui no astral.

Como esperam condições idênticas às da Terra, aparecem em questão de segundos contusões, membros quebrados e hemorragias. A meu ver, nenhum deles sabe que está morto, tão empenhados se acham na briga por território. Sem dúvida, disputam pedras de crack e dinheiro.

Os vencedores logo dão o fora. Aproximemo-nos para ver o que aconteceu. Um homem ferido, espremendo um trapo contra a forma-pensamento do seu suposto corte, debruça-se sobre um camarada caído, que julga estar morrendo. Minha presença não é bem-vinda; sou um intruso nesse momento muito íntimo. Minhas propostas de ajuda são consideradas insinceras e mandam-me passear.

Insisto que, como especialista em saúde, posso curá-los. Examinam-me para saber se não estou enganando-os ou gozando-os e, para minha grande surpresa, aceitam a oferta. Como (também neste nível) o traje faz o homem, tomei o cuidado de aparecer em roupas brancas e com ares de salvador. Esses caras nunca foram à igreja, mas acho que absorveram algumas imagens religiosas pela televisão.

Começo um processo de cura com passes, do tipo que só se vê no plano físico em lugares como o Brasil, mas ainda não sei bem se devo contar-lhes que estão mortos. Talvez só vá confundi-los se lhes disser agora.

Peço ao elegante cavalheiro estirado no chão que se concentre no poder curativo do espírito. Ele confessa, em termos inequívocos, que a dor é terrível. Olho-o fixamente nos olhos e pergunto se quer se recuperar. Responde que sim. Recomendo-lhe então que tente.

Pois vejam, meu subterfúgio funciona! O sangue para de correr, os cortes se fecham e tudo parece voltar à normalidade. Depois de repetir o tratamento com seu colega, torno-me o herói da hora e sou convidado a entrar para um drinque. Sorrisos e palmadinhas nas costas são a ordem do dia. Durante uma rodada de uísque, perguntam-me de onde sou. Escolhendo bem as palavras, respondo que venho da terra dos mortos.

Risos.

— E como chegou até aqui, cara?

— Apareço de vez em quando por estas bandas.

— A trabalho?

— Adivinhou. E vocês, como chegaram?

Segue-se uma palpitante narrativa de estupros de gangue, vendas de drogas, inferninhos e tiras corruptos se pavoneando pelos guetos. Depois de uma série de tiroteios e batidas de carro, alguns dos rapazes acabaram aqui, onde não há policiais. Minha cura miraculosa acabou esquecida.

Perguntam qual é o meu macete, isso parece importante para eles. E quanto a garotas? Uma jovem graciosa é convidada a fornecer-me uma amostra do que é bom. Recuso polidamente seus serviços por ora, sugerindo um encontro para mais tarde, talvez mais apimentado. Ela parece gostar da ideia.

Explico que meu macete é apenas o poder da mente e que lhes bastaria confiar em si mesmos para fazê-lo funcionar. Quer dizer então que eles podem curar todas as suas feridas a qualquer momento? Sim, isso mesmo. Pense que a ferida irá desaparecer e ela desaparece. Basta imaginar-se inteiro e sadio.

Mas como essa merda funciona?, é o que querem saber, depois que silenciam os risos e o tilintar dos copos. Funciona porque aqui é a terra dos pensamentos. Os caras franzem a testa. Isto, explico erguendo o copo, é pensamento; as garrafas são pensamentos; o edifício é pensamento. Vocês estão aqui porque pensam que aqui deveriam estar.

— Você está nos gozando!

— De modo algum, cavalheiro.

— Então mostre como é.

Abro a mão direita com a palma para cima, olho-a fixamente e volto-me para meus dois companheiros. A garota, às suas costas, espia intrigada. Pergunto se estão prestando atenção. Garantem, em uníssono, que sim.

O ato de criação não é tão fácil, nestes planos inferiores mais densos, quanto no astral médio, onde a maioria dos mortos reside e descobre o poder do pensamento por conta própria. Todavia, pode ser aprendido e utilizado caso a pessoa receba o tipo de instrução que recebi de Jack. Em primeiro lugar, ela tem de acreditar que é possível; em segundo, exercer controle completo sobre os pensamentos — sem hesitações. Pensará na imagem e lhe dará vida.

O melhor exemplo hoje, na Terra, é a animação computadorizada. Minha criação de um homenzinho de dez centímetros, com roupa esportiva azul e tênis transado, poderia aparecer num filme da Disney. Num momento, não há nada; no outro, lá está ele, sorrindo e se mexendo de acordo com minhas instruções.

Meus companheiros arregalam os olhos. Um deles quer pegar a figurinha, mas eu a desmaterializo imediatamente.

— Não tão depressa, amigo — recomendo.

— Cara, como fez isso?

— O pensamento, amigo, o pensamento!

Pego um copo no balcão e faço-o desaparecer. Segundos depois, ele reaparece no mesmo lugar. Pergunto-lhes o que querem beber. Tequila. Imagino o copo cheio do líquido amarelado e sirvo-o à volta.

O garçom (há pouco me via como um trouxa que logo iria ser posto para fora), olha-me desconfiado, temendo talvez que seu suprimento de dinheiro imaginário logo desapareça.

Meus novos amigos estão, se assim posso dar a entender, profundamente impressionados. Só o que têm a fazer é acreditar e praticar, explico-lhes. E, com um elegante *au revoir*, vou saindo. Quando chego à porta, a tal garota se põe a meu lado.

Descemos a rua suja e escura como um casal de pombinhos, ela dizendo, excitada, que sou bem melhor que suas companhias habituais. Insinua que tem um quarto numa casa ali por perto. A vizinhança é a versão astral da decadência urbana de certos bairros da Terra.

Você talvez pergunte como alguém pode escolher um lugar desses para morar após a morte; mas, para muitos residentes, a ignorância determina a escolha. O curto período de perda de consciência que se segue à morte violenta induz as pessoas a pensar que, de algum modo, mudaram para um local miraculosamente livre da polícia. A atmosfera é ainda pesada e o bairro, decrépito; mas, como não esperavam coisa melhor, sentem-se em segurança.

A moça me conduz por um beco. Desculpa-se pela sujeira, mas aquele é o caminho mais tranquilo para sua casa. Pergunto-lhe se sabe que está morta. Ela se aconchega a mim. Enquanto sua língua explora minha boca, seus seios roçam meu peito. Mesmo uma pessoa ingênua como eu percebe a sinceridade do convite. E, como sempre, a cálida intensidade de sua entrega oferece mais uma prova de que ela ignora que morreu.

Digo-lhe, rindo, que a libertinagem é universal, eterna, e nem a morte consegue refreá-la. Significará isso que não quero possuí-la? Não exatamente, esclareço. Quero que ela compreenda que está morta.

A moça continua a excitar-me. Mas tempo é que não falta. Para que tanta pressa? Roça a virilha pela minha coxa: "Você parece aqueles engomadinhos da igreja batista", diz ela, ante minha reação.

Sei que estou acuado; ela me prendeu com seu olhar. A dança do pecado e da redenção, ilusória e antiga como o sonho da vida. Em suma, ela quer me pegar e eu quero pegá-la. Empate.

Ensaio um gesto cavalheiresco. Inclinando-me, tomo-lhe a mão e beijo-lhe a ponta dos dedos. E, alçando-me lentamente, digo-lhe adeus. Ela me olha, entre colérica e perplexa.

Neste nível quase tão denso quanto o plano físico, voar é uma raridade, ao contrário do que ocorre no médio e alto astral, onde ocorre a todo instante, quer nas brincadeiras das crianças, quer nos esportes sofisticados. Há, por exemplo, uma versão aérea do nado sincronizado, espetáculo dos mais vistosos como se pode imaginar.

Subplanos

Antes de subirmos ao próximo nível, bem mais interessante, devo esclarecer que existem inúmeros subplanos entre os considerados grandes. Basicamente, estão ali para atender aos quase infinitos graus de consciência dos mortos.

Por exemplo, logo acima da nossa última parada situa-se um nível onde as almas são mesquinhas, pobres de espírito, vingativas e mexeriqueiras; também agridem pelas costas, mas não são criminosas no sentido convencional. Muitas sabem que estão mortas, sem se importar com isso, e persistem em sua maldosa e ressentida rabugice. Obviamente, convivem com a mesma vizinhança briguenta que tinham na Terra, pois é isso que desejam e merecem, não tendo ainda aprendido a lição. Andar por uma rua de suas cidades é conhecer caras feias, olhares atravessados e murmúrios suspeitosos.

Às vezes a religião é a desculpa, outras a política, outras ainda a raça. E até, mais recentemente, o sexo. Por exemplo, não havia nenhum tipo de comunidade de lésbicas exclusivistas quando cheguei ao astral; hoje há algumas, de radicalmente politizadas a vítimas de drogas pesadas e AIDS. Como todos os grupos polarizados, são deixadas em paz para perseguir seus objetivos. Ninguém pressiona ninguém para integrar a chamada "sociedade como um todo", principalmente porque não existe sociedade como um todo onde se partilhe uma visão comum (além, é claro, da bem-aventurança de estar morto); existe, isso sim, uma espantosa variedade daquilo que chamei de "comunidades de interesses".

Descobri que quase todas são materialistas irrequietas, de modo que, provavelmente, ficam tão surpresas quanto os demais ao perceber que estão vivas e em movimento. Creio que apenas seu persistente amor mútuo as trouxe até aqui. Em matéria de espiritualidade, elas se voltam quase sempre para Wicca, esse antigo culto da natureza sob várias formas que antigas e sábias feiticeiras lhes transmitiram, conhecedoras que eram de suas feridas.

Você talvez não se surpreenda ao saber que tomei a forma feminina para romper suas defesas. Identifiquei-me como Cassandra e atendi às suas expectativas aparecendo como falsa loura de jeans, camiseta e cabelos espetados. Disfarce tão bom que só precisei retocá-lo ligeiramente para uso no templo da sabedoria, nas ocasiões em que não me importava que minha reputação me precedesse.

O próximo plano que pretendo visitar é um dos integrantes do astral médio, menos glamouroso sem dúvida, mas que convém perfeitamente ao tipo de alma cuja fé na vida eterna não impede que desconfie não ter agido muito bem e não merecer as glórias do Céu... por enquanto. Os católicos, é claro, identificam-no com o Purgatório, mas o estado de alma que representa abrange todas as denominações.

As comunidades são pequenas: cidadezinhas monótonas, pontilhando paisagens áridas sob céus sinistros, carregados de nuvens que de vez em quando se abrem para deixar passar um raio de sol inspirador. Igrejas, bibliotecas e teatros são bem frequentados; os moradores são polidos, felizmente, mas o peso do arrependimento e da autocrítica é bastante óbvio.

Quero que você conheça meu amigo Cliff, que percorre esses lugares evangelizando. Um pastor extremamente dedicado, é o que ele é. Vive no nível de cima, numa imitação razoável do céu cristão. Gosto de irritá-lo dizendo que se trata do Paraíso dos Espíritas usurpado justamente por aqueles que o negavam na Terra, mas Cliff quase sempre se recusa a travar discussões.

Vamos encontrá-lo provavelmente em seu bar favorito, bebericando suco de frutas e regalando alguns pobres coitados com suas histórias do Paraíso. Sim, ei-lo aí, como eu suspeitava.

Com grandes gestos, aponta-me a cadeira ao lado enquanto pede suco e biscoitos para mim. Prontifica-se a pagar, desde que eu não lhe encha os ouvidos com aquela conversa de karma e reencarnação. Rio com gosto, mas não prometo nada.

Pergunto como vão as coisas no Paraíso. Garante que vai tudo às mil maravilhas, como sempre. Aliás, outro dia, São Paulo apareceu para abençoar o local.

Tem certeza de que era o próprio e não um impostor? Claro, ninguém poderia confundir a auréola. Cliff prossegue recontando as glórias da ocasião, os milhares de fiéis presentes, os grandes coros cantando hosanas e a quase descuidosa promiscuidade das seitas. Episcopais e batistas ombro a ombro com luteranos e anglicanos. Havia por lá até alguns representantes da *new age*. Dou um sorrisinho ao ouvir isso, pois Cliff me considera um *new age*. Já lhe expliquei várias vezes que morri muito antes dessa onda, mas acho que ele não acredita.

O que fazia furor no meu tempo era o zen, tal qual apresentado à América por Alan Watts. Ainda me lembro da frase que mais me inspirou: "O agora imediato, qualquer que seja a sua natureza, é o objetivo e a plenitude de todos os seres vivos." Estranho para um contadorzinho de araque, como você deve estar pensando, e tem razão; mas se esquece do meu antigo rival de outros carnavais, Reid, que me emprestou o *This Is It* de Alan Watts em 1960, acendendo uma chama que a disputa por Veronica não conseguiu apagar. Lembre-me de agradecer-lhe por isso, sim?

Seja como for, Cliff só está aqui há pouco tempo, depois de se afogar em algum ponto do Havaí, e suspeito que minha postura teológica lhe soa bizarra demais para parecer outra coisa que não *new age*. Além disso, não é o primeiro cristão morto a mencionar Shirley MacLaine como responsável por tudo. Ela se tornou, vejo bem, uma espécie de símbolo.

Recordo-lhe algo que mencionei em nosso último encontro: no nível que se segue a este, antigos muçulmanos e cristãos convivem em paz e chegam a realizar juntos suas cerimônias religiosas. Ora, para quem passou a vida pensando que só alguns tipos de cristãos conquistam o Paraíso, isso é puro anátema. Quase tão ultrajante quanto a reencarnação.

Em suma, concordamos discordando. Falo-lhe sobre o projeto deste livro e por que quero incluir nele suas atividades. Como a maioria dos cristãos, Cliff ignora quase por completo a história do espiritismo e décadas de comunicação entre mortos e vivos; assim, a ideia de que sua modesta atuação por aqui possa ser conhecida dos leitores de livros *new age* deixa-o numa espécie de impaciência petulante, que para mim não é nova: Cliff não se anima a apoiar uma causa que condena, mas nunca se sabe, talvez eu me converta se ele fizer alguma concessão.

Antes de o acompanharmos em suas andanças, esclarecerei uma questão menor, mas significativa. Quando irritei Cliff duvidando se seu São Paulo era o "próprio", tocava num ponto muito discutido por aqui. As figuras históricas reverenciadas da religião e da cultura, aquelas que todos esperam encontrar quando chegarem à sua versão do Paraíso, podem ser, e frequentemente são, interpretadas por "atores" — as originais deixaram seu porto seguro para renascer em outro lugar do espaço-tempo.

Esses atores, costumeiramente chamados "aspectos", são almas muito evoluídas e sinceras que de modo algum perpetuam fraudes; acreditam, ao contrário, estar prestando um bom serviço a milhões de inocentes que querem exercitar sua adulação. Sabem que os seres humanos precisam ser inspirados e cumprem suas tarefas com humildade, com solicitude.

Entretanto, as almas que exigem essa animação divina inevitavelmente insistem na originalidade. Qualquer alusão a essas réplicas é considerada depreciativa e desrespeitosa. Assim, em que pese à atmosfera liberal da maioria dos planos, todos aprendem a ser discretos. A conclusão é que cada sistema de crenças considera seus profetas sacrossantos e não admite intromissões, embora eu deva dizer que as pessoas são todas bem mais educadas do que foram na Terra.

Gosto de alfinetar almas como Cliff porque não ignoro que precisam de ajuda para chegar ao eu superior, esse pináculo do ser situado além de qualquer sistema de crenças, no vazio das coisas não manifestas. Parecendo não existir de forma reconhecível, abala-os e coloca-os em contato com personalidades que promovem sua cultura como corretivo para o medo.

Basta de filosofia.

Cliff pergunta, enquanto nos dirigimos a uma casa nos limites da cidade, como pretendo comunicar esses fatos à Terra de modo confiável. Mas quando formulo uma resposta que considero à altura do seu grau de entendimento, ele decide que na verdade não quer ouvir nada.

Você talvez esteja esperando uma descrição sucinta do aspecto desse nível. Decadente, é a palavra que me ocorre. Casinhas baixas, atarracadas, parecendo sobreviventes da Grande Depressão. Árvores e arbustos que mal começam a cobrir-se de folhas. Passantes de cabeça baixa. Uma espécie de outono eterno. Cliff, é claro, tenta se mostrar agradável com todo mundo. Afinal, sendo o detentor das boas-novas, por que não se mostraria?

Posso parecer cínico, mas é gostoso ver seu entusiasmo. Estou aqui há tempo suficiente para saber que logo renunciará a seu trabalho. Caramba, pensa ele, esses infelizes estão com um pé no Paraíso, basta que lhes dê um empurrãozinho e chegarão lá!

Aproximamo-nos de um sujeito sentado numa cadeira de balanço na porta da casa, fumando seu cachimbo. Tira o cachimbo da boca e rosna: "Caia fora daqui, escória!"

Cliff explica que viemos para uma visita amigável, mas o homem se abaixa e saca de uma espingarda. Não sabe, é claro, que se trata de mera forma-pensamento, mas ainda assim consegue deixar nervoso o jovem Cliff, que ergue a mão e gagueja: "Isso não será necessário, senhor."

Enquanto o sujeito continua a rosnar e nos viramos para ir embora, sintonizo sua vida passada. Um filho homossexual, uma esposa carola que o deixou, uma fazenda perdida. Está com raiva de Deus, está com raiva da vida, está com raiva de si mesmo.

Bato no ombro de Cliff:

— Essas coisas acontecem, meu caro, até depois da morte.

Ele balança a cabeça e murmura:

— Mais tarde, amigo, mais tarde.

Regressamos à cidade. Cliff observa duas senhoras que tomam chá no jardim, cutuca-me e vai até elas. As senhoras cumprimentam discretamente. Estão vestidas como se tivessem ido à igreja num domingo de maio, 1948, e esquecido de trocar-se.

Cliff lhes diz um bom-dia seguido por um sorriso.

A mulher da esquerda, vendo a Bíblia de Cliff, pergunta:

— Vocês não são mórmons, não é? Não suporto mórmons.

Cliff diz que não, educadamente.

— Então o que são? Católicos? Pior ainda: transam como coelhos e depois pedem favores à Virgem Maria.

Cliff explica que somos cristãos trazendo mensagens de paz e amor.

— Paz e amor, hein? Cacete, vocês o que querem é dinheiro, como os outros. E agora sumam daqui antes que eu chame a polícia.

Olha-nos duramente, sem pestanejar. Percebo que está protegendo a amiga, ocupada em bebericar seu chá. Farejo um pastor mulherengo e um aborto desastrado em algum ponto de sua vida. Sinto-o.

Cliff ainda não se descontraiu o suficiente para sintonizar os pensamentos alheios, para não dizer que a telepatia simpática está totalmente fora do seu sistema de crenças. Assim, quando menciono isso depois de darmos alguns passos, ele resmunga num tom que sugere a suspeita de degeneração moral. Digo-lhe que é apenas magia negra quando você a usa para manipular pessoas contra a sua vontade. Ele sorri, compreensivo.

Entramos, a seu pedido, numa igreja arruinada que conserva as marcas psíquicas de inúmeros pregadores fundamentalistas. Vou cobrando coragem a cada passo. Ninguém à vista. Cliff senta-se num banco. Vejo-o inclinar-se e orar. Não tenho vontade nenhuma de imitá-lo, mas respeito sua necessidade de silêncio.

Enquanto ele pede forças e orientação, noto o raio de luz que desce sobre sua cabeça. Uma estranha mistura de branco e violeta penetra pelo chakra da coroa e espalha à volta uma leve claridade. Decido que é hora de alçar voo e partir.

Minhas vibrações se intensificam e surjo numa campina dourada, na orla de um pequeno bosque. As encostas, lá adiante, mostram terraços ajardinados que logo capturam o olhar de quem vem aqui pela primeira vez: é como se a Virginia de repente se transformasse na Toscana. Obra de algumas almas devotadas e criativas.

Alguns passos pela relva macia e eis-me à margem de um regato rumorejante. Embaixo, crianças brincam, espadanando água. Risos enchem o ar.

Flutuo até o grupo, sobrevoando-o como uma gaivota faria na Terra e mergulhando para externar a alegria que sinto no coração. Desde que estou aqui, não sei de nada que me dê mais prazer. Sentir-me como uma criança despreocupada, obedecer aos impulsos do momento, livre como a brisa — é a maneira de me realizar.

O Paraíso

Aqui é, como muitos dos leitores devem ter adivinhado, o "Paraíso" que, na Terra, os espíritas tornaram famoso no final do século XIX e começo do XX, quando o movimento estava no auge. Sessões espíritas e mesas saltitantes por todo lado. O tio que chega contando histórias sobre charutos e igrejas cravejadas de ouro.

Tudo isso era ridicularizado em meu tempo, quando o racionalismo e a ciência nos livraram dos horrores da fome e da doença, lançando-nos nos braços do consumismo e da ameaça nuclear.

Sim, esta é a terra do verão eterno, em que famílias dos mais variados tipos curtem as férias mais longas e agradáveis possíveis. Milhões de almas residem aqui. Cada nacionalidade e cada religião estão representadas numa espantosa profusão de paisagens, arquétipos dos sonhos nacionais: as encostas mágicas do Himalaia, as rochas esculpidas do Arizona, as savanas infindas da África, os impressionantes fiordes da Escandinávia.

Os tipos de alma vão desde as moderadamente afetuosas e compassivas às que na Terra pautavam rigorosamente seu comportamento pelos códigos morais e a conduta civilizada, passando por aquelas cujos corações se inflamavam de amor e mal podiam impedir-se de abraçar qualquer transeunte que encontravam nas ruas.

Muitas são, é claro, ex-cidadãos americanos e canadenses, vizinhos nessa fronteira longa e desprotegida. Mas, como ambos os países estimulam a imigração, os planos astrais acima deles albergam um vasto sortimento de tipos raciais. Afora a religião, que obviamente une muitos deles, sua herança comum é aquilo que se tornou conhecido como "cultura pop". Um fascinante amálgama de esportes, programas de televisão, filmes e música (coisa muito rara no meu tempo), em suma, um poço sem fundo de conhecimentos, que alguns consideram banais, junta-os numa espécie de obsessão *post-mortem*.

Ainda me lembro de como me diverti quando uma adolescente suicida me contou que a pessoa de quem mais sentia saudade era Madonna. Um rapaz, vítima de acidente de carro, perguntou-me como poderia assistir à World Series. "Está bem, está bem", disse exasperado, "acredito em você: estou morto. Mas pelo menos me leve ao estádio dos Yankees, certo?"

Depois de apreciar suas brincadeiras, sentei-me num banco e sorri. Aqui, as crianças são como em toda parte, sempre inventivas com seus jogos. Uma delas desliza sem esforço à flor-d'água, como as libélulas que eu contemplava na juventude, que nunca chegam a tocar a superfície. Seus braços se estendem como asas, o rosto iluminado por um grande sorriso. Uma garota jovial segue seu exemplo e teria o mesmo êxito não fosse por sua saia larga, que se arrasta na água.

A cena muda rapidamente: um garoto aguarda a passagem dos esquiadores e salta sobre eles, mas sem tocá-los. Logo se instaura uma competição e a turma se divide em duas equipes, esquiadores e saltadores. Por algum tempo a disputa sufoca os risos, mas isso não dura. Como que por controle remoto, tudo desanda numa confusão de gritos e borrifos de água.

Em momentos assim, concluo que neste plano astral a alegria é radical, como dizia Veronica quando se sentia numa boa e gastava meu dinheiro aos montes. Eu, muito sensível, não gostava da expressão, mas agora vejo que pode ter bom uso por aqui quando contemplo o jogo infinito das energias divinas neste nosso universo multifacetado, onde se aprende jogando.

Essas crianças, descubro logo, são de uma cidade vizinha. Uma delas se oferece para me acompanhar. Agradeço-lhe a gentileza e o garoto diz que está tudo bem, de qualquer modo precisa ir à aula de música. Cursava o quinto ano de piano quando morreu na estrada com três amigos que vi no rio e, como tocar piano era o que ele mais gostava na vida, continua a praticar. Quanto a roubar carros, nunca mais.

Podia ser pior. Viver com seus avós é ótimo. Estão aqui há muito tempo e sabem das coisas: sociáveis, entrosados como na Terra.

Já os pais são um problema. A mãe continua deprimida e bebe mais do que devia; o pai trabalha o tempo todo. Tentou várias vezes conversar com eles enquanto dormiam e, embora afirmem saber que vão se encontrar com ele depois da morte, persistem nos mesmos hábitos e vão piorando.

Seu guia lhe contou que a mãe logo ficará completamente baratinada no plano físico caso continue a beber. Ele mesmo já viu quatro ou cinco bêbados rondando-a para absorver a embriaguez e está receoso.

Entramos num vilarejo em Vermont. Há ali até uma livraria onde foi outrora um celeiro. Como muitos estabelecimentos neste plano, é um delicioso arquétipo: uma aldeia sonolenta aperfeiçoada por inúmeras mãos e mentes dedicadas, o tipo de lugar onde metade dos americanos gostaria de residir e a outra metade consideraria uma espécie de Caldeira do Diabo, só para novos-ricos pretensiosos.

Meu recente e jovem amigo diz: "Foi ótimo falar com você, mas preciso ir à aula" e envereda por um caminho ajardinado acenando-me amistosamente. Noto, pela centésima vez, que o astral médio corresponde, para muitas pessoas, à ideia de uma sociedade perfeitamente civilizada e polida.

Sem dúvida, as famílias se dividem em várias gerações, mas, por causa do senso de tempo muito acelerado, os trinta e tantos anos terrestres vividos aborrecidamente pelos que foram "deixados para trás" equivalem aqui a cinco — cinco anos das férias mais descontraídas, porém estimulantes, possíveis; cinco anos divertidos com o resto da família de cara fechada. Ou, como um morador recente me disse quando lhe perguntei como estava passando, "Rapaz, isto aqui é como uma Barbados cheia dos melhores museus e bibliotecas!"

Há um parque com lago, cisnes, árvores frondosas e concha acústica. Dois cavalheiros sorridentes jogam xadrez. As peças, primorosamente entalhadas, são testemunhos vivos de uma sensibilidade artística original. São, informam-me, cópias de um conjunto desenhado por um famoso artista europeu que emigrou para os Estados Unidos durante a Segunda Guerra Mundial.

Alex e Hershel são velhos parceiros de golfe. Caramba, estão mortos há quase tanto tempo quanto eu! Tinham, respectivamente, 71 e 73 anos. Alex sucumbiu a um ataque cardíaco depois que seu filho, veterano do Vietnã, cometeu suicídio; Hershel, ao bom e velho câncer. Apenas a esposa de Hershel está aqui, e há pouco tempo: resistiu até os 89 anos. Hershel julgou que ela ficara doida, suportando todo aquele tempo num asilo quando poderia estar se divertindo muito por aqui. Deus sabe quantas vezes tentou convencê-la enquanto ela dormia. Mas a boa senhora gostava dos netos e bisnetos. Segundo Hershel, é um exemplo do complexo de matriarca: nada funciona sem você. Agora ela quer ampliar a casa a fim de ter mais espaço quando a família vier. Hershel insinua que cada um pode ter seu próprio lar, pois este território é maior que o Texas e o Novo México juntos; mas ela já está consultando um arquiteto e um decorador. Acha-se realmente no paraíso, diz ele rindo, mas ainda não admite que deveria ter chegado antes.

Alex passa a refletir sobre a reencarnação do seu filho suicida. Afirma que jamais teria acreditado nisso caso não o houvesse visto com seus próprios olhos. Sempre foi cristão, embora não um assíduo frequentador da igreja. Teve alguns problemas com o pastor e afastou-se. De qualquer modo, só acreditava "numa vida e depois a eternidade" até seu filho Wayne comunicar que voltaria para concluir uma tarefa. Alex era um artista promissor quando foi convocado para o exército, a fim de ajudar a deter a maré do comunismo ateu na Coreia. Em seguida, opôs-se ao projeto da esposa de estabelecer-se no Canadá. Mas, segundo a mulher, ele era motorista de ônibus e ela, cabeleireira: podiam desempenhar essas funções em qualquer lugar.

Sem dúvida, a diferença de idade contou muito. Ele, com 25 anos quando voltou da Coreia e a conheceu numa festa da igreja, apaixonando-se irremediavelmente. Ela, com apenas 17. Seus pais não aprovavam o namoro e eles fugiram para casar-se, logo que a jovem completou 18 anos, semanas depois.

A mulher, é claro, culpou-o pela morte de Wayne e ele assumiu a culpa. A filha mudou de nome e partiu para a Califórnia, a fim de juntar-se a uma comunidade. O ataque cardíaco ocorreu de súbito e foi fulminante. Em questão de segundos, Alex avistou um anjo que se dizia seu guardião.

Bem, para encurtar a história, ele e Wayne, graças à ajuda de vários amigos, conseguiram encontrar-se e passaram a viver juntos. Mas o mesmo anjo da guarda encheu a cabeça do garoto com a ideia de voltar à Terra e ele decidiu ser o bebê de sua mãe de meia-idade que ela queria ter com o segundo marido. Por Deus, Shirley já estava com 42 anos!

Alex conta que resolveu pôr em ordem seus pensamentos e fazer um curso de religiões universais, sem deixar de lado, é claro, as participações no coro e as aulas de antropologia. Há tempo de sobra por aqui e é disso que ele mais gosta. Na Terra não há tempo para nada, as pessoas estão sempre ocupadas com o trabalho e os filhos. Ele já pensou até em ir a um dos planos astrais inferiores e visitar o beberrão do pai, que ainda ignora tudo de vida limpa e religião, afirma rindo.

Pergunta o que estou fazendo aqui. Explico meu projeto com Gordon. Ficam intrigados. Hershel não fazia ideia de que, por ocasião das catástrofes naturais, coordenávamos gigantescos esforços de resgate. Nunca pensara nisso. Mas agora que sabe, gostaria de ajudar. Bastará informar-lhe como e onde. Alex parece mais interessado na comunicação entre mortos e vivos. Digo-lhes que preciso ir, mas voltarei com mais tempo.

Alex informa que o coro está apresentando o *Réquiem* de Fauré. Imagine! Um simples coro de aldeia! É que conseguiram agarrar alguns profissionais mortos que se apaixonaram pelas vizinhanças. Há até um casal de gays, caso eu queira saber. Que eu não fique chocado, mas foi a primeira vez que ele conheceu caras assim. Peço-lhe que não se preocupe, não me sinto chocado. Aliás, se me der o endereço deles, vou aparecer por lá a fim de dizer olá. No entanto, admito ter ficado impressionado com o fato de estarem apresentando Fauré. É uma peça bonita, que exige muita sensibilidade e contenção.

Aceito, pois, seu gracioso convite e me despeço. Vou até o fim da aldeia e encontro a residência do casal gay vazia. Então, ergo-me nos ares e flutuo até a cidade vizinha.

Já é tempo de ir visitar minha namorada. Sim, algumas coisas não mudam nunca, como a irritação de uma mulher que fica esperando por nós. Bem, estou exagerando. Ela não é tão brava assim. Na verdade, é muito caseira: costura, tece e lê. Sente-se fascinada por manuscritos medievais ilustrados; pode ficar dias inteiros debruçada sobre eles, absorvida em puro deleite.

As livrarias daqui oferecem fac-símiles perfeitos de qualquer obra publicada na Terra, mesmo aquelas que jamais vieram a público, como algumas da biblioteca do Vaticano. Tem tudo aqui: de textos sânscritos antigos a rascunhos inéditos de Bob Dylan.

Muitas pessoas não acreditam no que veem quando visitam esses lugares pela primeira vez. Para os ratos de biblioteca, é um sonho que se realiza. Toda a história humana está à disposição do exame mais minucioso. Ainda gosto de rondar entre as prateleiras ouvindo os gritinhos de satisfação ante a descoberta de alguma obra "perdida" de Paracelso ou Safo.

Pense nas pessoas que dizem sempre: "Ah, eu gostaria de fazer isto ou aquilo se tivesse tempo!" Pois aqui elas podem estudar o que quiserem. É um espetáculo digno de ver.

Voltando à minha namorada, ela também é digna de ver e penso que justamente por isso estamos indo até sua casa. As belas colinas e vales do Vermont astral cedem lugar pouco a pouco a uma paisagem semeada de campinas, com bosques e plantações entre os quais apontam, aqui e ali, casas dos

O Paraíso

mais variados tipos. Cabanas humildes, mansões ricamente ornamentadas, pirâmides brilhantes de vidro e aço, cúpulas geodésicas cobertas de grama, há de tudo por aqui e muito mais. O bastante para encher vários números de uma revista chique de arquitetura.

A cidade brilha lá adiante, como brilham todas as cidades neste nível. Quando você chega pela primeira vez, vindo de terras decadentes e nevoentas, pensa que os próprios edifícios é que brilham. Depois percebe que apenas emitem luz. Como também as pessoas. E as árvores. E as flores. E os rios.

Na verdade, é o que acontece por todo o território. Neste nível, você brilha. Com o tempo se acostuma e não mais o percebe. Neste momento estou me exibindo para você. Espero que aprecie a luminosidade.

Sem dúvida, o leitor já percebeu que por aqui há poucos veículos. As pessoas caminham, voam ou se deslocam em imaginação até determinado lugar. Eu voo para que você se deleite com o panorama. Quem ainda possui veículos são aqueles que gostam de pensar neles. Os amantes de carros fora de série organizam suas corridas como faziam na Terra. Os apreciadores de cavalos e jipes não ficam atrás. Esquiadores na neve descem pelas encostas, esquiadores aquáticos deslizam na superfície das águas.

Todavia, ninguém *precisa* desses meios de transporte. São apenas hábitos antigos, retomados aqui só por diversão. Se um grupo de mortos rompe com os costumes da Terra e procura aplicações mais refinadas para seus talentos em expansão, outro grupo lhe toma o lugar. Como na Terra, uma turma de formandos é substituída por uma de calouros.

Como esta cidade possui uma agradável avenida que leva a um pórtico gótico verdadeiramente majestoso, continuo a narrativa em passadas lentas. A relva, sob meus pés, é mais macia que em qualquer outro lugar deste plano. Quando se chega aqui pela primeira vez, sua carícia na sola dos pés provoca êxtases nos desprevenidos.

Sem dúvida, para um indivíduo sofisticado do astral como eu, nada disso é novidade. Para me sentir em êxtase, preciso das vibrações do plano mental superior/causal inferior. Não fiquem confusos, voltarei a isso mais tarde, prometo. Entretanto, o último ponto me lembra algo que gostaria de abordar agora, a noção de acostumar-se aos vários níveis de êxtase *post-mortem* e querer novidades. Se isso cheira a psicologia do vício, então fui compreendido.

Depois de vários anos (calendário da Terra) percorrendo os planos inferiores na tentativa de recuperar viciados (isto é, aqueles que estivessem prontos a libertar-se de seus medos obsessivos e de seus sistemas de crença limitadores), ocorreu-me que, nos mundos da forma, tudo é vício.

Por exemplo, aqui no astral médio, paraíso de beleza suntuosa e vida livre, certos vícios não são malvistos. Se, digamos, você não consegue passar o dia sem ouvir ou tocar música; ler ou escrever um livro; criar ou degustar arte; praticar ciência ou filosofia; reverenciar Deus ou os santos; construir, reformar ou decorar uma casa; cuidar zelosamente do jardim (seu ou de outra pessoa); ou apenas comungar com a natureza, então aqui é mesmo o lugar que lhe convém, pois aqui esses e outros hábitos são estimulados.

Vícios como guerra, depressão, heroína, álcool, fumo, dinheiro, poder e sexo são condenados, pois (posso garantir) só relegam a pessoa às áreas próximas do plano físico ou mesmo inferiores. E se ela persistir na prática desses hábitos "errados", também posso garantir, ficará "de fora" do progresso individual, conforme tenho ouvido em minhas muitas viagens à Terra.

Certamente, no astral médio, onde vive o maior número de almas, nem sempre elas se dão conta de que seus hábitos mais estimados são exatamente aqueles que deverão pôr de lado caso pretendam evoluir. As áreas superiores do Céu, cumpre notar, não têm forma; casas, jardins, personalidades e culturas tão zelosamente cultivados no caminho da ascensão precisam ser esquecidos para que as almas participem do novo jogo do espírito puro. Mente sem forma, mente eterna e ilimitada.

Naturalmente, faço o possível para esclarecer essas questões nebulosas. Entretanto, como no astral médio imperam os sistemas de crença e as posturas conflitantes, e vários desses crentes acham que os mundos gloriosos da forma são a etapa final, minhas palavras quase sempre caem em solo árido e sou visto como um desmancha-prazeres.

Mas a revelação final, devo enfatizar, depois que passam as agradáveis surpresas da vida eterna e da alegria sem fim — e nisso a maioria das almas encontra problemas —, é que, na verdade, não temos corpo algum.

Nossos "eus superiores", essa identidade arraigada que nos impele penosamente através dos planos, são em essência um acúmulo informe e assexuado de energia luminosa que pode, ao menor lampejo de vontade, ser qualquer coisa e ir a qualquer lugar. Culturas e personalidades são meros arquivos em seu disco rígido.

Infelizmente, quando a alma absorveu a propaganda religiosa da cultura e da época a ponto de perder o conhecimento de sua eterna e absoluta liberdade, não comprometida por salvadores, credos e videntes, condena-se a morar nos paraísos *post-mortem* dos profetas — ainda encarnados e ainda adorando um Deus exclusivo — quando, de fato, em seu ser mais verdadeiro, esse espírito existe para além de qualquer definição, em união completa e absoluta com o divino.

Henry e Guinevere

Henry e Guinevere: não parece boa combinação para um casal, eu sei, mas um casal é o que somos e temos sido há um bom tempo, como se diz.

Parece que os opostos se atraem mesmo e esse é, certamente, o nosso caso. Eu sou o viandante multidimensional que percorre os planos como uma espécie de palhaço divinamente inspirado; ela é a artesã calma e industriosa, satisfeita em sua comunidade, que cria tapeçarias para embelezar os lares dos amigos e fãs.

Conhecemo-nos na Veneza renascentista quando éramos o que hoje, creio eu, o mundo chama de profissionais do sexo. Naqueles tempos constituía, entre outras coisas, a única maneira de uma mulher receber educação decente e pelo menos aproximar-se dos círculos do poder. Cortesãs afeitas a uma clientela endinheirada, quase sempre nos encontrávamos nas mesmas festas e jantares, de modo que logo surgiu entre nós uma atração mútua.

Fomos amantes secretas durante muitos anos e, por fim, nos aposentamos em idade avançada para ter um lar só nosso. Não desejando sobreviver sem a parceira, procuramos e descobrimos um veneno que ambas bebemos. Nem é preciso dizer, que não fomos sepultadas em solo consagrado. Pouco nos importamos com isso. Prestáramos serviços suficientes a diversos prelados, na mocidade, para saber bem o que era a conspiração eclesiástica: simples medo de perder o poder. Além do mais, estávamos unidas em espírito e felizes como crianças num piquenique. De que nos serviriam enterros solenes e aprovação social?

Nosso abençoado interlúdio astral foi interrompido, como sucede com frequência, por obrigações kármicas urgentes. Almas dedicadas, mergulhamos em nossos respectivos negócios, pois cada qual tinha diversas linhas de evolução a seguir, e só nos reunimos de novo na Boston da virada do século, quando, como já sabem, engatinhamos pelos tapetes de uma creche luxuosa como irmão e irmã, sob a vigilância da diretora, minha irmã Ann. Infelizmente, uma cozinheira descuidada ateou fogo no prédio e nossos pobres corpinhos sucumbiram entre as chamas.

Isso foi demais para Martha, como se chamava então, e ela não quis reencarnar. Mas eu o fiz nos anos 1920. Que alegria reencontrá-la quando Ann, disfarçada de Phoebe, trouxe-a para uma visita mais ou menos uma semana depois do meu falecimento! Amor à vigésima vista, como dizem por aqui. Só essa curta história já basta para mostrar-lhes quanto mudei em minha "estadia" no astral.

Penso nessas e em outras coisas enveredando por um corredor que serpenteia e faz curvas de um modo inconcebível na Terra. Grandes painéis de vidro, na parede, mostram uma floresta tropical em miniatura como decoração deste complexo condomínio como, acredito, vocês chamam agora esses lugares na Terra. Há até uma chuvinha controlada de vez em quando, para imitar esse fenômeno tão caro aos ecologistas.

Luzinhas vermelhas anunciam algum recital de música numa das áreas de ensaio. Como o complexo é habitado sobretudo por artistas de todos os tipos, existem muitos desses espaços onde eles podem aperfeiçoar seus talentos enquanto os passantes param para dar uma olhada e apurar o ouvido.

Sim, é o mesmo quarteto de cordas de minha última visita. Estão tocando o belo "Contraponto nº 5" da *Arte da Fuga* de J. S. Bach em tons ricos, cheios, que me entusiasmam ao máximo. Sento-me num banco e aprecio toda aquela beleza. Quando terminam, ergo a cabeça e aplaudo.

Mark, um dos violinistas, diz: "Melhor que da última vez, hein, Henry?"

Concordo, sorrindo. Informa-me que, se vim procurar Guinevere, estou sem sorte. Viu-a há pouco, saindo para ir visitar Rachel do outro lado da cidade. E como Guinevere e Rachel são, devo dizer, ótimas amigas, ela não voltará tão cedo.

Bem feito, resmungo, é o que mereço. Estive tão ocupado em levar o leitor a passear que me esqueci de avisá-la. Guinevere é rígida nesse ponto. Respeita as velhas etiquetas, uma das quais é a chamada telepática antes da visita.

Pois bem, iremos até o quarto dela e ali reencenarei um encontro íntimo, agora que tenho permissão. As coisas se ajeitaram. Não por entusiasmo, mas por uma certa dedicação à causa.

Achamos ser importante você saber como as almas apaixonadas se unem neste plano. Quer dizer, eu achei; Guinevere demorou um pouco mais para concordar. Concordava, sim, com a ideia geral, mas quanto aos detalhes ilustrativos... Garanti-lhe que não faríamos um vídeo pornô, nem mesmo um folheto para vendê-lo.

Ela não quer nenhuma menção a Rachel, pois, embora seja uma entidade espiritual com muito amor para dar, ainda conserva certas ideias do século XIX sobre sexualidade. E, como não chegou à idade adulta no século XX, a era da emancipação sexual, isso não chega a surpreender, certo?

Expliquei-lhe que, hoje em dia, as conversas francas sobre sexo são plenamente aceitáveis na Terra e as relações homossexuais estão em alta. Na América do Norte e na Europa, ser lésbica é muito chique. Todavia, como Guinevere não se interessa tanto quanto eu pelos assuntos da Terra, acha um tanto difícil acreditar nisso. Chamar Rachel de "irmã amante" pode ser um preciosismo no entender do leitor, mas convém ter em mente que as noções sobre sexualidade de Guinevere são de outra época, quando o charme cortês e a discrição cavalheiresca encobriam um monte de pecados.

Falemos agora de nossos amores: beijos, carícias, declarações sussurradas de devoção, essas coisas são tão eternas quanto as serenatas na Terra, e igualmente apreciadas. A penetração durante o ato sexual, contudo, é coisa do passado, pelo menos neste nível. Nos níveis inferiores, considerando-se o desejo cego e a falta de imaginação que reinam por toda parte, ainda se recorre a esse expediente. Aqui, porém, pode-se chegar a uma mistura das energias dos chakras do coração e, quando isso acontece, os amantes são abençoados com um êxtase no qual cada célula do seu corpo parece animada por uma descarga orgástica que se repete até a doce exaustão final.

Quanto aos meus jovens amantes suicidas, visitados há pouco, estão sem dúvida aproveitando furiosamente todas as oportunidades para transar, embora eu já lhes tenha dito que neste plano a concepção é impossível. Mas, quando eu (ou outra pessoa qualquer) lhes ensinar a técnica da mistura das energias do chakra do coração, eles sem dúvida mudarão de ideia.

Há também a mistura das energias do chakra da coroa à disposição daqueles que se sintam suficientemente corajosos para tentar. Digo "corajosos" porque a experiência pode provocar um êxtase tão esmagador a ponto de suprimir toda a noção de personalidade por muito tempo, experiência que nem todos conseguem suportar. Muitas pessoas querem continuar sendo o que são e, como já expliquei, esse hábito pode mantê-las indefinidamente por aqui.

Espero que essa delicada discussão sobre a sexualidade no plano astral não tenha chocado ninguém. Desejo, contudo, sacudir o domínio que os religiosos mantiveram sobre as comunicações entre vivos e mortos durante o último século. As almas ingênuas são bem-intencionadas, mas transmitem noções totalmente equivocadas de anjos assexuados planando pelo espaço, reverenciando o Senhor e praticando boas obras — quando, de fato, a maioria delas se entrega à sensualidade, pois a alegria está no ar e não existem restrições nem castigos, podendo-se dar vazão ao desejo.

Nada de doenças, nada de gravidez, nada de vergonha.

O Plano Mental

Para resumir, este é o lugar onde as almas refletem. Não que deixassem de refletir quando estavam na Terra ou no astral — faziam-no, mas sempre na dependência da capacidade e da vontade. Aqui, como não têm corpos nem emoções desenfreadas, não se distraem; aqui, só há pensamento: o poder, a beleza, a própria vida das ideias.

No astral, sobra "tempo" para pensar e estudar, quer se trate da evolução da família como unidade de aprendizado interativo, quer da relação entre arquitetura e música. Persiste, entretanto, o senso do estudante e da coisa estudada.

Aqui, essa distinção é pouca ou nenhuma. As almas absorvem o pensamento como as flores absorvem a luz solar. Ter um pensamento é penetrá-lo por inteiro, compreender sua história e acompanhar sua passagem por muitas mentes até a consecução final.

Tome como exemplo a ideia da "democracia". Saboreie-a como um perito em história e ciência política que disponha de uma polpuda verba para levar a cabo suas especulações. Examine-a como um joalheiro faria com um diamante raro. Consulte todas as referências em todas as enciclopédias. Descubra como a palavra é usada em outros planetas. Entenda o que disseram a respeito Platão e Aristóteles. Pergunte a Freud se existe aí algum tipo de neurose sexual. Acompanhe a evolução da cidade-Estado, tomando cada um desses elementos em função do outro.

Faça tudo isso meditando como que numa tarde agradável no jardim de sua casa nova do plano mental, pois é ali que estará depois de abandonar seu corpo astral. Costumava-se chamar a isso "segunda morte", mas agora a expressão soa um tanto melodramática.

Depois de um banho refrescante no rio, que sem dúvida não corre muito longe, você retorna para examinar a ideia da "compaixão". Seus usos e abusos. Seu papel no seio da família e da sociedade. Seu valor moral na religião. À medida que pode ser utilizada como barômetro do desenvolvimento espiritual. Seu mérito, digamos assim, como ponte entre ilhas. Sua perversão em sentimentalismo barato. Seu enorme peso na promoção da autoestima entre os praticantes dessa virtude.

Tal como na Terra, existem aqui grupos de discussão a aderir, palestras a escutar e estudos a fazer. Mas tudo sem "pôr o pé lá fora". Basta concentrar-se num assunto e o pensador mergulhará num animado vórtice de ideias férteis, como se interagisse com muitos outros em vez de ficar na cama, espreguiçando-se.

Certas almas, à falta do necessário desenvolvimento, passam por este plano meio adormecidas ou mesmo no sono mais profundo. A intensidade das vibrações é demasiada e elas a evitam fechando-se em si mesmas. Imagine um garotinho de oito anos perdido numa universidade, vagando pelas salas e laboratórios sem a mínima orientação, e terá uma ideia do quadro. Agora imagine um rapaz de 14 anos, na mesma situação: ele captará muita coisa antes de se sentir perdido e sonolento.

Sem dúvida, cada alma absorve o que pode. A capacidade varia, mas geralmente aumenta com o número de vidas inteligentemente vividas. Talvez me perguntem o que significa isso. Uma vida inteligentemente vivida, creio eu, é aquela que se volta à expansão consciente dos talentos, ao aprimoramento e partilha generosa das capacidades.

As paisagens circundantes são tão variadas e belas quanto as do astral que acabamos de visitar ou até mais. Descer do astral superior ao mental inferior pode ser tão chocante quanto subir do físico ao astral. Só o que posso dizer é: tudo melhora. E o êxtase refina-se a si mesmo, à medida que vai sendo experimentado.

Eu acrescentaria que ninguém passa pela transição antes de estar preparado. Não há motivo para lamentações. E quem vai sempre pode voltar para visitas. Aqueles que já conhecem bem o eu superior e a evolução pela reencarnação sabem em que ponto do ciclo eterno se encontram, enquanto os que só acreditam em "uma vida e depois a eternidade" pensam ascender a um plano superior, mais perto dos santos e divindades que reverenciam. A essa altura da jornada, não há muito o que discutir, embora alguns grupos se reúnam às vezes para analisar sutilezas no âmbito das religiões comparadas.

Cada qual tem seu tipo de Céu no astral superior — e não apenas os grandes nomes do plano mental —, mas o culto apresenta um tom bem mais ecumênico. Cristãos e muçulmanos de mente mais aberta rezam juntos; hindus e budistas compartilham os mesmos santuários, para só dar dois exemplos. Sim: teósofos e espíritas ainda podem ser vistos debatendo as doutrinas do karma e da reencarnação tão vigorosamente quanto na Terra, mas garanto que o debate, livre das emoções mesquinhas da rivalidade, é bastante cavalheiresco.

Além desse nível, e além do que tecnicamente seria outra morte — a terceira, caso você queira contar —, mas morte que não passa de um desvanecer-se lento naquilo que seria melhor descrito como uma luz tépida e aconchegante, jazem os planos informes, que alguns chamam de búdicos, outros de celestiais, outros ainda de nirvânicos.

O nome não importa, dizem vocês, considerando como eu próprio considerei ao chegar que a promessa de uma desintegração fácil é a única tarefa (ou não tarefa) que resta ao final do arco-íris. O grande salto para o nada, chamam-no alguns, sobretudo quando estão cansados de tudo.

Não podemos censurá-los por isso. Depois de tantas aventuras excitantes no mundo das casas, comidas e corpos, no mundo do "ganha-perde", como gosto de chamá-lo, o nada parece o sossego, embora seja um vazio com potencial para um êxtase além de qualquer comparação.

As pessoas realmente se acostumam consigo mesmas e se dispõem a abandonar tudo em troca da promessa de serem perpetuamente anônimas no mar do anonimato. Isso parece fantástico, não?

Ah, mas quando você chega aqui, o êxtase o desperta. Reunir-se com seu eu superior, esse repositório de todas as suas outras personalidades, lembra a entrada no melhor dos hotéis, onde todos são seus amigos e a festa de congraçamento só para para recebê-lo.

Pelo menos, é o que alguém me disse ao voltar lá para baixo, através dos diversos planos, para outra etapa de aperfeiçoamento na escola dura da vida terrena. Quanto a mim, ainda preciso dar esse mergulho.

Se já o tivesse feito, não poderia conversar com você agora na pele de Henry, pois então ele de há muito estaria mergulhado numa realidade bem maior, que abrangeria todas as suas existências na Terra, e mal seria reconhecido como alma humana. Seu eu superior, como todos os eus superiores que jamais encarnam e apenas mandam à frente patrulhas para lhes trazer informações, teria parecido muito remoto, muito proibitivo, um burocrata sem rosto com pouquíssimo interesse nas pesquisas de vocês, um acervo monumental de detalhes de experiências sem o calor humano e a solicitude que gostamos de ver nas pessoas.

Mas, em vez dessas coisas humanas, o que há é uma espécie de bulbo profusamente iluminado por dentro, a superfície fulgindo em lampejos de cores sempre mutáveis, que considero o equivalente visual do riso.

Não se enganem: não há nenhuma substância nesses seres, a menos que você atribua substância aos raios luminosos. São energia no estado mais puro, uma "essência ilimitada", como me disse certa vez um amigo.

E, por falar em amigos, organizei uma pequena reunião para todos vocês no astral médio, onde costumo me deter, e seria melhor nos apressarmos antes que os convidados comecem a resmungar.

De Volta ao Meu Pedaço

Decerto só levo um segundo para deslocar-me, de modo que ninguém se espantará ao ver-nos atravessar o jardim em direção à porta de entrada. Dentro, encontraremos um grupo de amigos que são, de uma maneira ou de outra, espíritos guardiães de várias almas encarnadas. Penso que você está interessado em conhecer a ampla variedade de suas experiências.

Foi Gordon quem primeiro sugeriu isso, antes de voltar à Terra, mas sua memória astral é tão fraca que duvido que ele vá se lembrar. Ficarei, assim, com todo o crédito na qualidade de seu guardião sábio e afetuoso.

Bem, aí estão eles reunidos na sala fazendo o que sabem fazer melhor: bancar os idiotas. Que posso dizer? É a pressão do trabalho: ou você permanece absolutamente ignorado por anos, às vezes décadas, ou é venerado da maneira mais irracional como uma divindade menor. Qualquer que seja o caso, bancar o idiota é quase sempre um grande alívio.

Por isso Sunil e Randy estão dependurados no teto enquanto Charity, Virginia, Lloyd, Hester, Bruno e Julia formam uma pirâmide humana. Espero que você os visualize desabando no chão e rolando, em meio aos risos.

Sunil se adianta e diz que está com um pouco de pressa, mas quer conversar sobre programas de computador, uma de suas especialidades. Peço que não se perca em detalhes técnicos e ele começa a falar dos três garotos geniais com quem está trabalhando para desenvolver um computador/videofone/videogame barato que chegará ao mercado em alguns anos.

Lá está Sheila, a ruiva fatal casada e com um filho, muito controlada e capaz de calar todas as emoções. E Edward, o filho teimoso de um juiz do tribunal de recursos, espertíssimo e manipulador. Desvencilhou-se de cinco mulheres que o queriam amarrar e mantém os usuais conflitos não resolvidos com a mãe. E, para coroar tudo, Emil, o formoso bissexual que pode seduzir todo mundo, exceto seu próprio senso de inadequação.

Todos eles, segundo Sunil, confundem interesse pessoal com bondade e vão em frente convictos de que são grandes filantropos. A inquietude própria do gênio é, obviamente, sua maior desculpa. Afora programas de computador, a especialidade de Sunil são as sutilezas da escolha moral com que se depara o homem moderno.

Os homens modernos serão, nesse ponto, mais pressionados que os medievais e antigos? Ele acha que sim. A liberdade do indivíduo na sociedade secular contemporânea não tem paralelo na história. Ora, isso significa, no final das contas, a liberdade para fazer escolhas em lugar de seguir regras ou costumes.

Sempre que Sheila recorre ao charme e ao *glamour* (olhos encantadores e pernas fabulosas), Sunil se aproxima e lembra-lhe que ela prometeu não fazer mais isso e ficou desapontada da última vez, quando finalmente admitiu ser sexualmente manipuladora. Ela sabe que o faz em consequência da falta de autoestima, mas sua motivação inicial para mudar foi anulada pelo constante sucesso na arte da conquista.

Edward é o controlador clássico. Muito esperto, descobre logo o jogo das pessoas e passa o resto do relacionamento transformando-as em vítimas de suas próprias ilusões, gostando muito de vê-las na pior. Sunil tenta melhorá-lo recorrendo à finura com que auxilia os outros a ir além de suas tolas limitações, mas sente-se frustrado porque Edward sempre consegue se esquivar.

Emil é, por assim dizer, a própria libido encarnada, o lobo do desejo solto entre as ovelhas. Sua especialidade consiste em abordar pessoas casadas de ambos os sexos e, instigando-lhes as paixões, mostrar como a vida delas é tediosa. Eu próprio uma ex-cortesã, sei muito bem como esse dom pode, do auge da divina rebeldia, degenerar em exibição egoística de astúcia lasciva.

Sunil agradece, dizendo que me antecipei a seu melhor argumento. Todos riem: minhas vidas passadas são um livro aberto, como as deles, e pelo menos dois dos presentes foram meus clientes em época longínqua. Guinevere, como vocês sabem, também teve parte destacada numa dessas vidas, mas prefere não falar a respeito, explicando que, afora sua dedicação a mim, ignora todo o resto.

Quanto a Charity, é a clássica guia ao estilo Cupido, que tira antigas almas enamoradas de suas órbitas para fazê-las colidir com fragmentos errantes de seus karmas. Ela mesma admite, francamente, ser esse o tipo de tarefa que dá vazão à sua velha obsessão pelo amor e o romance. "Sou uma viciada em amor, o que posso fazer?" é sua justificativa favorita e outro indício da disseminação da terminologia da cultura pop nos últimos trinta e poucos anos, pelo calendário da Terra. Quando eu estava vivo, digamos assim, "viciado" significava outra coisa: consumidor de heroína.

Enquanto ela repassa sua lista de personagens, ficam óbvios o afeto que sente por eles e as maquinações que urde para fazê-los encarar as velhas feridas e os bloqueios de energia. Fica óbvio também que ela enfrenta com gosto esses desafios sem fim.

Já Dorothy — vocês se lembram, não? — vinha tentando há anos adquirir coragem para deixar o marido abastado, mas embrutecido, e viajar. A culpa e a timidez de sempre mantiveram-na presa aos serviços domésticos por anos, sem nunca ter tido filhos, mas uma pequena herança de uma tia de que mal se lembrava reacendeu o antigo desejo — e, depois de uma palavrinha de Charity, ela caiu fora.

Foi para San Francisco — que, aos olhos dos moradores de Cleveland, parece o destino mais excitante afora uma viagem ao exterior —, onde se alojou num hotel a um quarteirão da praia favorita de um antigo "encosto", agora com o nome de Dennis.

Bem, o que se pode concluir desta discussão e deve ficar muito claro aos leitores é que o guardião espiritual de Dorothy, por ela escolhido antes de nascer, havia contatado Charity um mês antes e pusera-a a par do desejo persistente de sua protegida de ser mais ousada no amor, desta vez.

Esse curso de ação não é nada incomum. Os guias têm suas especialidades: compaixão, questões de poder, inveja ou ciúme, medo ou cólera, curas, pesquisas técnicas: cada qual se entrega a um tipo de trabalho. Alguns, é claro, são guias do tipo "pau para toda obra", companheiros de uma vida inteira que em determinadas circunstâncias se tornam especialistas.

Charity nos informa (para grande divertimento de todos, pois Dorothy, a vida inteira, se revelou imune às instigações do seu guia) que por alguma razão insondável ela foi facilmente induzida a encontrar-se com Dennis — e Dennis, como seria de esperar, levou-a para a cama uma hora depois para algo que Dorothy descreveu como "uma loucura além dos seus sonhos mais ousados".

O que Charity queria ver era Dorothy emergindo de sua carapaça e abrindo voo como uma orgulhosa mulher orgástica do século XX, dessas que saltam de caso em caso sem nunca perder o fôlego. Mesmo impasses ginecológicos foram arquitetados com isso em mente. Mas Dorothy sobreviverá às costumeiras infidelidadezinhas de Dennis e partirá para outra? É o que, segundo Charity, devemos estimulá-la a fazer.

Sunil pergunta sobre o irmão de Dorothy, Lawrence: vai bem? Todos sabemos que seu parceiro, Gavin, contraiu AIDS e que as últimas semanas foram muito difíceis para ele. Charity nos diz que Lawrence ainda chora muito a perda de Gavin, o que Charity acha irônico porque Gavin continua a seu lado, rondando-lhe a casa e absorvendo cada emoção de Lawrence como um órfão faminto.

E ele é isso mesmo, brinca Charity, pois ignora resolutamente todas as suas relações espirituais em proveito da última que teve na Terra. Esse, infelizmente, é um problema bastante comum entre os obsessivos. E, como Charity já nos havia dito, não é a primeira vez que essas duas almas se unem estreitamente. Como mãe viúva e filho único, e dois irmãos gêmeos mortos num incêndio, outrora só tinham olhos um para o outro. Entre uma e outra vida eles, é claro, percebiam sua devoção mútua como uma loucura limitadora; mas, como egos encarnados, logo seguiam o padrão de sempre.

Charity, de fato, acaba de voltar de outra visita infrutífera a Gavin. Diz isso rindo e explica que jamais consegue chamar-lhe a atenção, pois o cara só pensa numa coisa. O típico sujeito preso à Terra, pontifico eu, e Sunil mais uma vez reclama que estou lhe tirando as palavras da boca. Peço desculpas e ofereço-me para trocar de roteiro com ele.

Karen, outro dos grandes interesses de Charity, está fazendo progressos também. Alma tipicamente convencional que sempre se submete às expectativas da sociedade e da família, pelo menos uma vez realizou sua fantasia em vez de negá-la. Charity não sabe bem se seus sussurros psíquicos de encorajamento fizeram a mágica ou não, mas assegura-nos de que se esforçou muito nesse sentido durante os últimos meses.

Virginia quer saber se isso significa bissexualidade. Charity acha que sim. Karen, depois de enrolar por mais de uma década como de hábito, iniciou um flerte com uma vizinha, Helen. Esta, velha de guerra em semelhantes amores, ficou encantada com o tímido entusiasmo de Karen e está disposta a ocupar o banco do passageiro para provocar uma mudança.

Esse é um dos casos em que a astúcia se justifica, pondera Charity. A autoconfiança de Karen desabrochou de maneira impressionante, pela primeira vez em várias vidas. Não bastasse isso, Ben, o marido, nunca saberá. Por Deus, exclama Julia, logo teremos notícia de que Karen está fazendo um curso noturno!

Nossas risadas talvez pareçam cruéis, mas acreditem: a paciência de todos está por um fio. Os encarnados às vezes se mostram inacreditavelmente relutantes em mudar de vida, apesar de pedirem muito que os ajudemos nisso antes de nascer.

Ora, Virginia, que foi tanto política quanto esposa de político, compreende perfeitamente as tentações desse ofício duvidoso e, não é de surpreender, ofereceu-se para atuar como guardiã entre os ricos e mandachuvas durante seu interregno astral. Mesmo à beira do precipício do poder, essas almas se arriscam muito naquilo que já foi chamado de "evocação da ambição".

Seu primeiro encargo é Lloyd, um velho senador com tendências a roubar nas contas e a travestir-se nos fins de semana. A última mania, acha Virginia, é até certo ponto benéfica no nível anímico porque lhe permite exprimir, embora de maneira limitada, o lado gentil de sua natureza, sem o que, ela garante, o infeliz irá acabar mal — coisa com que ela não gostaria de se envolver. Por isso, Virginia realmente o encoraja.

O mesmo não se aplica às fraudes, essa incursão no bolso do povo praticada com tamanha frequência que agora Virginia considera um traço sólido de caráter e não um deslize passageiro, como ela supunha.

Entretanto, avaliando as motivações e justificativas do homem, Virginia conclui que tudo se resume a dois fatores. Primeiro, ele acha que ninguém reconhece sua dedicação e esforços de uma vida inteira; segundo, tem uma tendência incontrolável para a desonestidade em si, o que se deve, no entender dela, a uma educação religiosa cuja ênfase no bem faz o mal parecer apetitoso. Mas, sim, Virginia admite, Lloyd assumiu essa postura religiosa repetidas vezes, revelando o que só pode ser um senso inadequado da própria estatura moral.

Ela diz que adoraria vê-lo deixar de lado todas as noções convencionais de bem e mal, mas sabe que isso é impossível no momento. Entretanto, não há nenhum motivo para que o sujeito continue bancando o menino mau. Virginia gostaria que ele superasse suas tendências secretas para os atos perversos e agisse desinteressadamente em benefício de todos. Acha que vocês, leitores, entendem a relatividade dos valores éticos e sem dúvida reconhecerão que um guia acaba percebendo a natureza totalmente ilusória dos julgamentos morais. No final das contas não há certo ou errado, apenas atos com graus variados de premeditação.

O único julgamento é o emitido pela própria consciência da pessoa, mas, como agora vocês já sabem, o mundo espiritual é criado e mantido pelo pensamento; assim, dado que são pensamentos, os julgamentos podem afetar consideravelmente o ambiente e a vida de qualquer um. A boa notícia é que Lloyd deixará de se julgar quando cair aqui, o que, se ele não puser em prática depressa, acontecerá logo.

O outro encargo de Virginia é um governante que, para o bem do nosso projeto, permanecerá anônimo. Estadista por natureza, mas trambiqueiro de ofício, sofre o tempo todo por não conseguir equilibrar os dois lados de sua personalidade, de modo que os surtos resultantes de energia são canalizados para ligações sexuais rápidas, inconsequentes.

Virginia, é claro, luta para obter um equilíbrio natural quando prevê que alguns ideais talvez possam ser concretizados por intermédio — e não a despeito — de contatos íntimos que sempre ocorrem durante reuniões internacionais. As ligações sexuais, acha ela, em nada prejudicam porque as parceiras são do tipo que se entusiasma ao contato com o poder e isso não as afeta negativamente. Sem dúvida, o sujeito, em matéria de culpa, compete com a esposa, que também tem lá seus amores ilícitos.

Situação nada incomum na política, ri Virginia. Ela e seu último marido viveram a mesma crise na década de 1930, quando não tardaram a entrar em competição. De amantes melosos, passaram a rivais agressivos em cinco anos, lembra-se ela afetuosamente.

Randy, postando-se a seu lado numa paródia de solenidade, pede licença para discordar. Se você o ouvisse dizer "minha querida", riria como o resto de nós. Recorda-lhe a época em que ele fora a esposa maltratada, toda entregue aos filhos, e ela o marido namorador. Mas, percebendo aonde aquilo iria levar, peço-lhe que se atenha ao programa: agora somos todos guias.

Sunil se levanta e nos pede desculpas. Ele irá a uma conferência onde se falará sobre pelo menos dois tipos de sedução politicamente motivada e quer ver como é aquilo. Não pela excitação da conquista, é claro. Por quem o tomamos?

Por um mero espectador indolente? Não, ele tem elevados padrões morais que sabe preservar. Boa sorte, brinca Julia, e todos rimos quando ele sai.

Randy tem os seus bandidinhos, como lhes chama. Em definitivo, uns caras muito desagradáveis pelos padrões da Terra, mas, conforme penso já ter dito, encontra-se de tudo nessa linha de trabalho e fica cada vez mais difícil distinguir quem é bom e quem é mau à medida que a vida se desenrola. Como Randy gosta de dizer, todos têm uma história a contar e precisam de ajuda para contá-la.

Primeiro, fala-nos de Karl, o refugiado da Alemanha Oriental contrabandista de armas. Numa tentativa de se tornar digno e humilde pela privação, Karl tentou ganhar a vida na Alemanha devastada do pós-guerra, mas o plano falhou: em vez de se tornar um pastor com forte senso missionário, logo se transformou num malandro de esperteza acima da média, cujos contatos com a polícia secreta de Berlim Oriental lhe permitiam contrabandear gente e armas.

A era dos computadores e telefones celulares lhe propiciou um mercado de possibilidades quase ilimitadas, além da cidadania num planeta que implora para ser saqueado. Randy conta que perdeu contato com Karl durante muitos anos, mas vislumbra alguma esperança no horizonte. O sujeito de repente compreendeu que, em seu mundo, só existe um caminho: o suicídio. Isso lhe provocou crises de depressão, sobretudo depois das inúmeras bebedeiras, mas também certa busca espiritual, quando então Randy tratou de fazer uma breve, porém bem-sucedida aparição como o Anjo da Morte — coisa que, posso garantir, ele não é. Entretanto, como já expliquei, há muita encenação neste nível, quase sempre para atender às expectativas inconscientes das almas.

Randy nos comunica, satisfeito, que Karl se livrou de todos esses males e imediatamente — sim, imediatamente — começou a doar dinheiro para caridade. Empreendeu até uma viagem de uma ou duas semanas à África para libertar escravos.

Soam aplausos entusiásticos e Randy agradece. Virginia não resiste e se encosta a ele numa paródia de entrega sexual. Saibam os moralistas que os dois vivem juntos aqui, como um casal.

Sem dúvida, esses sinais de fraqueza são um perigo no mundo de Karl. Uma dose de veneno ou uma bomba no carro parecem coisa iminente. Mas Randy espera uma ampla reformulação de karma antes que isso aconteça.

Randy conheceu Karl quando trabalhava com Greg, um advogado de Nova York especializado em imigração que, durante muitos anos, achou meios de conseguir a cidadania para gente com um passado nada recomendável. Todos querem se estabelecer na terra das oportunidades e Greg não vê motivos para discriminar pessoas que atuam nos limites da honradez. Esse trabalho o obrigou a frequentar lugares que ele acha moralmente repugnantes, mesmo para pessoas com passado duvidoso. Semelhante declaração provoca, é claro, algumas risadas, pois todos conhecem seus escândalos políticos. Aqui não há como esconder a roupa suja.

A motivação de Greg é o que mais preocupa Randy. Ele está tentando realmente ajudar o próximo ou só quer embolsar os honorários? Pondo-se de parte as assinaturas falsificadas e os papéis fraudulentos, Randy alega sentir um progresso no que chama a sensibilidade a questões espirituais de Greg. Ele acredita realmente que está ajudando pessoas a melhorar. Virginia e eu insinuamos, sem muita sutileza, que o coitado está é malhando em ferro frio e iludindo-se no processo. Randy capta instintivamente uma certa rivalidade amistosa nesses comentários e continua insistindo em que Greg está mesmo caminhando para uma imitação de respeitabilidade moral.

Acuso-o de procurar descobrir uma maneira nova e engenhosa de calcular o diferencial do progresso ético. Ele retruca que suas décadas de vida política lhe proporcionaram uma perspectiva única da noção de corrupção. Faz uma analogia: assim como a decadência está presente em todas as formas de crescimento, assim a corrupção está presente em todas as formas de empenho ético.

Virginia observa que Sunil devia estar presente para constatar que Henry nem sempre lhe rouba as palavras. Faço o gesto de tirar o chapéu na direção dela e todos riem.

Randy acrescenta que, como Greg anda sendo procurado dia e noite por alguns mafiosos russos cujos documentos, convém dizer, não lhes pareceram nada convincentes, devemos orar pela saúde de sua alma.

Julia trabalha com crianças, se se pode dizer, ressalta ela, que trabalhar com crianças é trabalhar. A animação dos pequeninos, ainda mal-arranhados pelas asperezas da vida, sempre é algo gostoso de ver.

Todos os seus protegidos moram no mesmo bairro e frequentam a mesma escola. Circunstância inusitada, sem dúvida, mas fascinante quando tudo se pode arranjar. Neste caso, trata-se de um grupo de veteranos do Vietnã que morreram juntos aparentemente devido à explosão de uma granada. No entanto, um exame mais minucioso revelou uma série de sacrifícios similares em outros países e outras guerras — a mais recente, sem que isso cause surpresa, sendo a Guerra Civil Americana. Dê a algumas almas uma nação ou um código ideológico para que possam morrer e elas morrerão repetidas vezes, na flor da juventude, para alcançar um fim glorioso.

Nenhum deles passou dos 25 anos em encarnações como homens. Por isso agora são mulheres, lembra Julia, para ver se conseguem trocar o gosto da aventura pelos prazeres domésticos dos filhos e da jardinagem. Até o momento, segundo ela, não estão se saindo muito mal. Gostam de usar vestidos e brincar de boneca, achando os meninos uns bobos. Emily, Francis, Meagan, Diane e Shelley: as rainhazinhas do jardim de infância, como lhes chama Julia. Já pode vê-las no último ano do curso elementar.

Por enquanto Julia não tem muito o que fazer exceto amenizar-lhes a tendência natural para a inveja, a malícia e a provocação. Como antes, Emily e Meagan são as líderes; Diane, a beldade; Francis e Shelley, as damas de honra. Reprodução perfeita de seus antigos papéis de macho. Desta feita, porém, a aventura será o casamento; os projetos idealistas, uma casa bonita; a devoção ao país, os cuidados com a família. E como avozinhas assumirão a graciosa pose das sabichonas, martelando conselhos que os jovens quase sempre ignoram.

Uma interessante situação está se desenrolando, porém. Emily começa a ter uns fragmentos de lembrança — a selva à noite, o medo palpável, a camaradagem, a expectativa do resgate. Tem falado à mãe sobre um soldado de nome Dan e seus quatro amigos na floresta.

Julia não sabe muito bem como proceder. Pretende que as meninas vivam uma vida plena desta vez e não quer que nada atrapalhe o projeto. Mas talvez as coisas não se passem assim. Virginia sugere que ela deixe tudo seguir seu curso natural. "Que curso?", pergunta Julia.

As lembranças serão exploradas ou esquecidas: de qualquer modo, porém, desaparecerão com o tempo. O tempo, vejam bem, zomba Virginia, aquele negócio que existe lá embaixo! Ora, não há como negar isso, interrompo eu, sabendo que a frase não é das mais originais.

Discutimos as possíveis ramificações dos cuidados de Julia e concluímos que não vale a pena nos preocuparmos. Julia tem de cultivar seu jardim como o resto de nós, espalhando fertilizantes, arrancando mato e regando a terra na hora certa.

Resgates e Mais Resgates

Lloyd, Hester e Bruno querem comentar com vocês alguns resgates que fizeram recentemente. Costumam trabalhar em equipe, às vezes recorrendo a experiências de encarnados fora do corpo, outras não. Encaremos os fatos, diz Lloyd, eles nem sempre estão disponíveis quando precisamos de sua ajuda.

A situação, porém, está sem dúvida melhorando. Com lugares como o Instituto Monroe formando profissionais a cada mês, a disponibilidade já não é um problema tão sério.

Lloyd cita uma missão que empreendeu sozinho. Percorria os subúrbios uma tarde, vendo jardineiros trabalhando e crianças brincando, quando se sentiu motivado a entrar numa casa. Não somos invasores de privacidade, convém esclarecer, mas nossas intuições com respeito às almas carentes de assistência quase sempre estão corretas.

Pois lá estava, no escritório, um homem careca de meia-idade pasmado olhando para seu corpo caído sobre a escrivaninha. A papelada indicava um vendedor de seguros ou um contador. Lloyd viu logo que a coisa seria difícil pelo modo como o sujeito observava, incrédulo, o próprio cadáver.

Muito gordo, cheio de maus hábitos e com uma atitude quase professoral de negação em todas as circunstâncias: eis o retrato que dele faz Lloyd. Você conhece o tipo, é claro.

Os esforços iniciais de Lloyd para se comunicar foram totalmente ignorados e teve de acompanhar o homem pela casa toda, pois o cara não entendia por que não conseguia pegar nada com as mãos. Já furioso, pensou na mulher. E, é claro, esse pensamento o conduziu imediatamente para junto dela... que estava, descobriu chocado, nos braços do amante num quarto desconhecido. Lloyd observava impotente à medida que a raiva do homem se multiplicava.

Bater no amante, é óbvio, não adiantou nada. O homem viu, espantado, que seu punho atravessava o rosto do rival e o travesseiro. Chifrado por Jane, tão recatada! Estava furioso. Lloyd seguiu-o até essa casa e tentou contornar as coisas.

Como materialista de longa data, o homem não tinha praticamente nenhum mapa para orientá-lo no novo território que agora explorava. O pesadelo era a melhor metáfora com que podia atinar. Mas quando — quando!... — tudo se encaminhasse para o fim, acreditava Lloyd, ele começaria a refletir.

Isso demoraria um pouco, conforme se viu. O homem só pensou em seguir sua própria amante, uma corretora de imóveis que gostava de joguinhos masoquistas. Lloyd podia perceber a excitação que começava a dominar seu protegido. Subitamente, encontraram-se em outra casa, acompanhando uma quarentona bonita que tentava impingir um imóvel a um casal de médicos.

Citemos os nomes: Hugh procurava chamar a atenção de Magda agitando os braços e clamando que jamais mentira para ela. Lloyd concluiu que as palavras se referiam a uma briga recente. Depois, Hugh tentou encher o saco dos médicos — também sem nenhum êxito. Afundou-se numa poltrona e se pôs a choramingar. Atitude pouco condizente com seu caráter, observou Lloyd; mas, como já mencionei, vemos de tudo neste tipo de trabalho e estamos habituados aos mais diversos dramalhões. Para nós, as coisas só são um pouquinho mais complicadas do que na novela diária das oito.

O autocontrole de Lloyd permitiu-lhe ter uma boa ideia. Enquanto o choramingão Hugh mergulhava na melancolia, Lloyd sintonizou-se com sua consciência e arrastou-o de volta para casa, onde o largou estirado na cama. De volta a seu plano, localizou prontamente Hester lendo no jardim e, explicando-lhe o caso, sugeriu um plano. Hester lançou uma olhadela aos modos de Magda, seus gestos e joguinhos que gostava de partilhar com Hugh.

Captando-lhe a forma, Hester apareceu na frente de Hugh com uma roupa provocante, perguntando-lhe se não gostaria de brincar um pouquinho. Segundo Lloyd, foi a voz rouca que o convenceu; uma imitação perfeita. Hester disse que aquilo não fora nada e todos rimos, sabendo que essa personificação é uma de suas especialidades. Embora houvesse sido uma dona de casa e mãe na última existência, participara assiduamente do teatro amador local e concluíra que suas modestas habilidades, como lhes chamava, poderiam ser de muito mais utilidade nesta esfera de ação.

Nem é preciso dizer, Hugh acabou se acostumando à vida no Além, onde, ciceroneado por Hester sob os traços de Magda, percebeu que por ali as coisas eram um tanto diferentes e pediu explicações. Bem, divertia-se muito perseguindo Hester por toda parte e quase não ligava para o fato de estar morto; e ela, depois de conduzi-lo ao centro de recepção mais adequado, certificou-se, antes de ir embora, de que Hugh continuaria babando para qualquer moça de biquíni ao lado da piscina.

Hester esclarece que a parte mais gratificante do seu trabalho é ver o morto ainda alheio à sua situação notar como a vida no Além pode ser divertida e abrir, por isso, um sorriso largo. Depois ela pode, é claro, voltar para seu jardim e seu livro, exultando com um trabalho bem feito.

Bruno quer falar sobre dois sem-teto com os quais ele e Lloyd andaram trabalhando por algum tempo. Encontraram-nos na calçada, dormindo sobre uma grade de ar-condicionado. Infelizmente, o ar quente não era quente o bastante para subtraí-los ao relento. Estavam mortos há pelo menos um dia, mas ignoravam a tal ponto essa condição que seus farrapos lhes pareciam ainda absolutamente necessários; e, como conversar entre si era a soma total de sua sociabilidade, muitos dos costumeiros indicadores passaram despercebidos.

Quando um deles despertou, mais do hábito do sono que do próprio sono, Bruno quis certificar-se de que teria boa vontade suficiente para contemplar uma aparição angélica. O homem não demorou a se dar conta de tudo e acordou o companheiro para cientificá-lo da nova condição. Bruno se lembra exatamente de suas palavras: "Acorde, Charlie, devemos estar mortos! Os anjos estão chegando!"

Charlie se mostrou tão afável quanto o outro, que se apresentou como Vern e perguntou, com a maior cara de pau, se Bruno e Lloyd não tinham por acaso alguma bebida decente. Bruno respondeu que não e eles explicaram que haviam se esquecido de trazer uma garrafa, mas sem dúvida encontrariam algo para molhar a garganta no caminho.

Vern e Charlie iniciaram com os "anjos" uma conversa amistosa sobre a vida após a morte e todos os seus prazeres, parecendo fascinados com o que ouviam; mas logo ficou claro que o que estavam querendo na verdade era beber nos botecos de sempre. Agora podiam fazê-lo, tal como os outros alcoólatras mortos que rondavam os alcoólatras vivos.

Bruno e Lloyd se puseram a caminho, não por curiosidade, pois haviam visto tais coisas inúmeras vezes, mas pela esperança de mudar logo o caráter dos pobres-diabos e dar a missão por encerrada. Infelizmente, não seria tão fácil; tiveram de amargar a típica experiência dos desencarnados num botequim, que geralmente significa horas de papo furado com outros bêbados mortos à espera da passagem de um vivo: então, tem início uma briga feia a fim de saber quem se apossará do corpo do incauto por um breve mas inefável momento de letargia, que eles trocam levianamente pela transcendência.

Fato interessante, havia uma igreja bem na esquina com um serviço religioso em curso. Como não é incomum que frequentadores assíduos compareçam a seus locais favoritos depois do falecimento, pararam para ver o que acontecia.

Duas senhoras se comportavam como se estivessem vivas, embora tudo indicasse que haviam morrido há pelo menos 20 anos. Bruno e Lloyd se ajoelharam ao lado delas e, só para chamar a atenção, iniciaram um flerte.

Lloyd afirma, apesar de nossos protestos, que iniciou a conversa com o clichê "Vocês vêm aqui sempre, garotas?" Bruno, alegando que não escutara nada, não pode confirmar ou negar as palavras de Lloyd, mas garante que ambos foram totalmente ignorados. Entretanto, confiantes como são (mais protestos), fingiram não notar essa mostra de desprezo e escoltaram as pretensiosas paroquianas a seu parque favorito, onde se sentaram num banco para contemplar o mundo.

Quebrado o gelo, as senhoras se mostraram quase amigáveis, ao menos enquanto a conversa girou em torno de assuntos religiosos, levando Bruno a concluir que mais umas duas visitas seriam possíveis. Despedindo-se, foram para o estádio mais próximo, onde talvez encontrassem algo para fazer, e naturalmente mudaram de roupa a caminho.

Havia um jogo e vários desencarnados absorviam, como vampiros, o entusiasmo da torcida. Concluindo que nada poderiam fazer até o final do jogo, puseram-se a conversar sobre uma questão muito velha entre nós, os especialistas em resgate: os mortos recentes se apegam aos hábitos antigos — bebida, devoção, esporte — ou ficam viciados na energia autogeradora das multidões?

É um enigma intrigante, sobre o qual frequentemente discutimos em nossa versão do que vocês chamam "tempo livre". Bem à maneira da clássica pergunta "O que veio primeiro, o ovo ou a galinha?", o problema quase sempre fica sem resposta, mergulhando os debatedores num vazio informe, mas repleto de energia, onde todos falam ao mesmo tempo e ninguém chega a lugar nenhum. Conversa fiada, mas divertida.

"Assim como a própria existência", digo ao grupo, que responde com rosnados de desaprovação. Bruno se desculpa por discordar e narra sua rápida visita com Lloyd à Bolsa de Valores, em busca de possíveis mortos viciados em negócios. A mudança de roupa foi imediata, como sempre ocorre nesses casos. De fãs do esporte de meia-idade, transformaram-se em investidores engravatados e sorridentes num coquetel.

Encontraram dois frequentadores que falavam sobre os velhos tempos. Materializando copos e uma garrafa de champanhe, juntaram-se a eles. Mas, antes de se meter na discussão sobre uma crise fiscal iminente, discussão que por experiência própria sabiam iria durar horas, pediram licença para ir cumprimentar um recém-chegado mais interessante.

O jovem investidor bem-sucedido tivera a carreira interrompida por um acidente de carro ocorrido talvez uma hora antes, que o pôs num coma do qual se desprendera sem saber. Bruno percebeu isso imediatamente.

Michael ignorava como fora parar ali, vindo de um jantar; mas mesmo assim seria bom bater um papo com os colegas. Aliás, que diabo estavam eles fazendo naquele lugar, após o expediente? Não bastava terem sofrido o dia inteiro? Ora, eram glutões, disse Bruno, oferecendo-lhe outra dose.

Michael declarou que nunca bebera champanhe melhor na vida. Quanto custara? Cumprimentou os outros dois, que corresponderam amigavelmente. Bruno encaminhou a conversa para o jantar, perguntando como quem não queria nada sobre as entradas e o vinho, e depois sobre o trânsito na rodovia. Foi então que Michael se lembrou do acidente.

"Meu Deus, vocês são anjos, não? Vão me levar? Minha esposa me falou sobre isso. Mas onde está o túnel com uma luz no fim? Foi cancelado por falta de interesse?"

Nesse momento Bruno avistou o espírito guardião atrás dele. Mostrou-o a Michael e informou-lhe que lá estava o seu guia. Michael, que agora parecia estar gostando do jogo mais que nunca, virou-se e apertou a mão do recém-chegado. E, com um gesto rápido de adeus, ambos partiram.

Bruno e Lloyd voltaram para junto dos outros dois e perguntaram-lhes se queriam assistir à grande corretagem no céu. Não, não queriam, mas, se fosse possível, iriam dar uma olhada nos arredores.

Era tudo de que precisavam, no entender de Lloyd. Postados numa área do saguão do hotel reservada àqueles que se consideram acima dos outros, logo travaram conversa com alguns executivos desencarnados há pouco, cuja reputação os havia precedido. Pareciam inflados de vaidade, é claro, mas, como diz Lloyd, todos se sentem inflados com alguma coisa: orgulho, piedade ou baixa autoestima. Reajo: — Obstáculos que devem ser superados, não?

Sunil chega não sei de onde e vai logo gritando: — Nada de me tirar as palavras da boca, muito menos as melhores!

Charity pergunta a ele sobre a tal conferência sobre sedução, a que ele tanto queria assistir. "Sheila teve um resfriado na última hora e Emil levou alguém para a cama. Não quem queria, mas pelo menos está bem quentinho."

Charity fecha a cara. Sua sensibilidade romântica às vezes se ofende com as manipulações da turma de Sunil. Brincam com o jogo do amor e ela não gosta nada disso. Mas já discutimos o assunto e Charity sem dúvida não deseja repeti-lo novamente.

Lloyd pondera que, de qualquer modo, somos todos uns completos mentirosos, mas sempre por uma boa causa, não? Isso, como se pode adivinhar, provoca uma explosão de risos, pois sabemos que é verdade. O resumo de nossa arte e técnica é: fazer com que as pessoas nos sigam apelando para os meios mais astuciosos que estiverem à mão. Segundo Julia, somos como mães tentando levar crianças teimosas para a cama, a cada noite recorrendo a uma artimanha. Pergunto a Sunil se a frase é boa; ele ri e confirma.

Julia quer saber sobre as duas senhoras da igreja. As investidas tiveram êxito? Lloyd afirma que estão trabalhando nisso. Mas uma coisa precisa dizer: sentem-se ambas culpadas pelos abortos escondidos de sua juventude leviana e pelas brigas com os filhos. Por isso, têm medo do seu destino.

Bruno quis voltar para junto de seus torcedores. O jogo já tinha terminado e eles encontraram pequenos grupos comentando a partida com o conhecido entusiasmo: gesticulações e risadas. Insinuando-se numa turminha, Bruno aproveitou uma deixa para anunciar um jogo de seleções no céu, se alguém estivesse interessado.

Música de Câmara em Casa

Foi então que o quarteto de cordas deu as caras e tive de me afastar do grupo para levar os músicos até minha sala de recitais, nos fundos do chalé. Mantenho essa sala para não prejudicar a imagem tradicional. Mas é uma beleza, embora seja eu quem o diga. Um dos meus sonhos não realizados na Terra sempre foi ter espaço e influência suficientes para contratar músicos especialistas em concertos de câmara. Seria uma espécie de recriação da época dos Concertos de Brandenburgo, de Bach, na atmosfera original dos cafés que inspiraram essa música.

Consegui: recitais de câmara, em estilo antigo e moderno, já integram minha vida social. Portanto, minhas encarnações como anfitriã em saraus e salões não foram em vão. O traje a rigor é obrigatório nessas sessões — e, acreditem-me, as pessoas ainda gostam de se vestir assim. Vocês aí embaixo, curtidores da moda, não precisam se preocupar.

Dispomos as cadeiras em volta do grande piano quando os tocadores de clarineta e flauta chegam, e preciso fazer as apresentações. Os instrumentistas de cordas conheço há muito tempo, mas os de sopro de madeira (marido e mulher arrancados da vida quando tentavam acertar um bemol na rodovia) chegaram há pouco aqui e ainda estão envolvidos pela excitação inicial.

Peças inéditas de Stravinsky e Debussy — e nenhum dos dois realmente acreditando na vida após a morte! É muito para dois músicos de uma orquestra comunitária. Agradecem-me acaloradamente pela oportunidade.

Asseguro-lhes que são bem-vindos e volto-me para ver Jurgen flutuando horizontalmente e pousando sobre o piano. O brincalhão Jurgen teria 19 anos caso estivesse vivo; mas o gosto pelo vinho e pelos carros velozes trouxe-o para cá antes mesmo de graduar-se no conservatório. Não que ele ligue para isso. Um ou outro plano, tudo dá no mesmo.

Posso imaginar a tristeza e o desapontamento dos pais que ele deixou na Terra, para não falar dos professores, agentes e maestros. Para Jurgen, no entanto, nada disso importa. Nunca se preocupou com a carreira e vivia o momento presente — e a música, os carros e o vinho lhe davam muita oportunidade para vivê-lo. Não sei o que lhe dirá seu guia antes do próximo giro pelo globo, mas isso não é da minha conta. Para mim ele é apenas um grande pianista e estou muito contente por tê-lo aqui.

Jurgen, é claro, sabe muito bem disso e continua flutuando por cima e por baixo do piano, de braços cruzados como um defunto. Logo consegue fazer com que todos se torçam de riso e eu aproveito a oportunidade para mudar de roupa a fim de receber os convidados. Abrir várias garrafas de vinho imaginário não demora tanto quanto vocês pensam e alguns convidados gostam de contribuir trazendo bebidas e guloseimas. As pessoas às vezes podem se mostrar muito inventivas com tortas e coisas parecidas, podem crer.

O que me custa algum esforço é escolher o traje. "O vestuário ao longo dos séculos e culturas" constitui geralmente o tema das minhas noitadas musicais; e, como estas tendem a atrair o tipo que viveu tanto a glória quanto o fracasso, quase todas as pessoas geralmente comparecem.

Decido, um pouco por capricho, apresentar-me como Henry, o contador sem contas, variando o terno escuro costumeiro apenas com uma camisa verde limão e uma gravata larga cor salmão, que imita a tonalidade da carne. Aplausos estrondosos de meu grupo de guias saúdam minha entrada triunfal. Banho-me nessa glória momentânea.

Sunil, durante minha ausência, parece ter se ocupado com histórias sobre padres no Purgatório. Como trata principalmente de questões de sexo e poder, semelhante comportamento não é de estranhar. O abuso sexual de crianças tem levado muitos padres mortos para o que ele chama de Purgatório; e como seu sistema de crenças é rígido como a maioria dos que já me chegaram ao conhecimento, permanecerão nessa esfera tenebrosa até alguém convencê-los de que são material adequado para o Paraíso.

Alguns ficam lá por semanas, outros por meses, outros por décadas. Tudo depende do grau de depravação do seu comportamento e de quanto querem se punir por isso. Tendo procurado viver segundo um código moral estrito, costumam mostrar-se intransigentes consigo mesmos quando chega o momento da verdade.

A contemplação silenciosa e cheia de remorsos numa choupana de pedras nuas, encravada numa paisagem inesquecível de montanhas, é muitas vezes a sentença a ser cumprida. Sunil gosta de aparecer por lá a fim de induzi-los a falar de sexo, esse tabu amedrontador que eles tiveram de enfrentar durante muitas vidas, pensando que sua negação os aproximaria de Deus ou sua indulgência os confirmaria no pecado.

Ele gosta de franqueza e muitas vezes se senta para contar piadas sujas. Se provocam risos, sabe que está no caminho certo, pois o humor, ninguém o ignora, é a gema do ovo cósmico. Mas nem sempre isso acontece, infelizmente, e Sunil antevê uma longa e árdua tarefa. Isto é, caso lhe seja permitido voltar, uma vez que alguns preferem sofrer no isolamento, não duvidando de que merecem castigo, e o proíbem terminantemente de meter o nariz em suas vidas.

Sunil prossegue enquanto me adianto para receber os primeiros convidados. Fazem uma bela dupla: um está vestido, segundo me diz, exatamente como Jimi Hendrix no festival da Ilha de Wight em 1970; o outro mais parece uma versão rechonchuda e de meia-idade de Georg Friederick Handel no auge de seu sucesso londrino em pleno século XVIII. O resto da multidão vai entrando sob todas as formas e tamanhos, mas uma descrição pormenorizada deles ocuparia facilmente uns dois capítulos. Imagine todas as encenações de época que já viu, misture elementos de umas e outras num coquetel trans-histórico e transcultural: foi a tônica da festa.

Ficamos andando de lá para cá, flertando, bebendo vinho e reencontrando antigos conhecidos. Ouviam-se coisas assim: "Meu Deus, não o vejo desde a Idade Média!", "Lembra-se de quando morremos na fogueira?", "Revolução Industrial uma ova! Pura perda de tempo!" ou "Acabo de chegar de Júpiter. Ótimo planeta!" E, é claro, estando-se no plano astral, não faltariam frases do tipo "Já viu Deus? Tem alguma resposta que faça sentido?", seguidas de risos abafados.

Você pergunta se, nas festinhas do plano astral, há conversas chatas como nas da Terra? Sim, há, como há quase tudo o que você possa imaginar. Mas não nas minhas, onde o comportamento convencional é, em definitivo, desencorajado. Já engoli muito disso na Terra, quase sempre por culpa minha, devo acrescentar. Agora prefiro os excêntricos e iconoclastas.

Devo isso a Jack, o guia golfista que já em meus primeiros dias aqui me arrancou da casca do comportamento convencional e me mostrou as alegrias de agir como bem entendesse. Em suma, sem Jack eu ainda seria Henry. E este livro, entre outras coisas, não existiria.

Se isso torna você curioso quanto ao que será no Além, examine o que é agora, pois, caso não tenha a sorte de contar com a ajuda de alguém como Jack, suas características e tendências mais destacadas serão com quase certeza reproduzidas em seu novo ambiente.

O tímido continuará tímido; o piedoso, piedoso; o jovial, jovial; o vingativo, vingativo; o amoroso, amoroso; o medroso, medroso; o confuso, confuso; o colérico, colérico; o moroso, moroso. A dádiva da vida eterna não muda as pessoas, apenas amplifica o que já são.

Devo acrescentar a essa lista os amantes de música. Há amantes de música por aqui, a despeito das aparências fantasiosas. E, embora neste nível não existam bestas selvagens a domar, todos nos lembramos de encarnações onde elas existiam.

Jurgen começa com um solo de piano de Chick Corea, um de seus compositores favoritos. É uma peça lírica, brilhante, que parece fluir em cascata infinita com borrifos aveludados de som que formam fabulosas ondas abstratas. Quando termina e diz "Gostaria que Prokofiev estivesse aqui para ouvir isso", algumas pessoas se oferecem para ir buscá-lo.

Outra coisa a respeito do astral: inúmeras figuras históricas famosas que ainda se encontram por estas bandas preferem uma vida sossegada, longe da exposição pública. Tenha isso em mente quando sair em busca de seus ídolos.

Vem em seguida um novo (novo para mim) quarteto de cordas tocando Claude Debussy. Progride lentamente, apresentando mais texturas que melodias, e lembra-me um homem velho, de chinelos, a vaguear sem rumo. Depois do ímpeto exuberante da peça de Corea, as cordas instilam uma calma que domina o ambiente. Sua energia parece ao mesmo tempo sensual e contemplativa, levando mais de um ouvinte para o plano mental — o que é, a meu ver, a intenção da obra.

Depois que os músicos terminam, levantamo-nos e fazemos uma reverência. Trata-se de um ritual que venho tentando implantar durante minha estadia neste plano: como, por aqui, a magia da música afeta diretamente tanto o coração quanto a mente, é um reflexo que brota de maneira muito natural.

Isso leva ao congraçamento e à euforia, cujo caráter você bem pode adivinhar. Quando nos sentamos de novo para ouvir o septeto de Stravinsky, sentimo-nos energizados em grau suficiente para a catadupa de ritmos e melodias em que os sete instrumentos parecem entrechocar-se como partículas atômicas, escapando graciosamente a qualquer definição.

Em contraste com as linhas suaves e as imagens ordenadas da peça de Debussy, esta dissonância cintilante de Stravinsky elabora uma intricada tapeçaria de abstrações que convida o ouvinte a entrar e perder-se. Música e imagens preservam a sedutora complexidade de um labirinto onde nos sentimos vagar, deliciados.

Outra mesura silenciosa e vemo-nos libertos a contragosto do feitiço do xamã para cair na magia mais comum do papo amigável, durante o qual descubro que Guinevere e Rachel estiveram aqui o tempo todo. Fico surpreso porque o gosto musical de Guinevere condiz mais com o Renascimento e o Barroco do que com os estilos modernos.

Sinto-me tão feliz por ser beijado em ambas as faces pelas duas que posso ignorar suas queixas de tontura e confusão. Vieram como beldades pré-rafaelitas de cabelos tingidos de preto, pois aqui as tinturas não constituem problema maior que em qualquer outra parte. Basta pensar na coisa que a coisa aparece.

Enquanto meus convidados vão se despedindo e desaparecendo, arrumamos a bagunça com a presteza que aqui caracteriza todos os nossos atos, recorrendo apenas a um breve e concentrado esforço de vontade. Não suspiramos de alívio quando os indesejados vão embora, como fazem vocês; neste plano, é algo que aceitamos naturalmente, e vocês farão o mesmo quando chegarem.

Guinevere acha que já revelei bastante da nossa intimidade, mas, como concordou em participar do projeto, permanece calada a respeito e só insiste para eu encerrar o assunto sobre a época em que ela, Rachel e eu passamos juntos.

Por isso, conduzo o leitor ao meu próximo compromisso com Gordon, o "autor", compromisso que será, conforme prometido, a visão daquele plano no qual todas as encarnações da pessoa podem ser contempladas simultaneamente.

A Hora é Agora

Como Gordon esteve conosco durante muitas páginas, devo lembrar a você que apenas um dia decorreu na vida dele e que o acúmulo de imagens em formas-pensamento projetadas em minhas divagações permanecerá na atmosfera psíquica de sua casa pelos próximos meses, até que meu amigo encontre tempo para registrá-las em livro. Felizmente, esse paradoxo vai servir de aperitivo para o que virá.

Espero-o sob nosso salgueiro favorito quando percebo que os leitores estão exigindo notícias dos nossos Romeu e Julieta suicidas. Bem, eles ainda não chegaram a nenhuma decisão, coisa que no meu entender farão num "futuro" próximo (mas não garanto).

Irei, no entanto, visitá-los num "futuro" possível e contarei a vocês o que aconteceu. Só me será necessário um instante para ficar "por dentro" e garantir uma projeção.

Glenn e Helen me chamaram. Por sorte, não estou muito ocupado e arranjarei um disfarce. Eles ainda parecem um pouco fora da moda, cheios de dignidade. Sua preocupação quase exclusiva um com o outro chegou ao ponto da saturação e eles estão decididos a mudar as coisas.

Helen quer que eu admire suas habilidades no voo e exibe orgulhosamente uma sequência de malabarismos. Digo-lhe que posso ver que ela vem praticando com assiduidade e Helen apenas sorri. Olho para Glenn; parece envaidecido, bem à maneira do pai que imagina ser. E depois de mais algumas puerilidades sentamo-nos para conversar.

Houve algumas visitas familiares durante o sono, apenas parcialmente bem-sucedidas. O pai de Glenn, em particular, se irrita com sua desobediência. A irmã mais velha de Helen a quer para seu bebê e não tolera que ela faça onda. Helen está feliz no Céu, muito obrigada. Seus pais parecem os mais compreensivos: o fato de Deus haver levado sua garotinha apenas lhes reforça a fé. Há nisso algum propósito, mesmo que eles não saibam qual seja.

Infelizmente, essa fé cega irrita Helen ainda mais do que a irritava na Terra. Quando tento acalmá-la e sugerir um tratamento mais tolerante, percebo logo que ela não irá morder a isca. A guerra com os pais carolas provavelmente vem sendo travada há séculos, de uma maneira ou de outra.

Não lhe digo nada sobre o problema da adoção, que, posso sentir, é o verdadeiro motivo da minha presença. Não quiseram falar sobre isso a mais ninguém, receosos de ouvir que ainda são muito jovens e irresponsáveis. Como veem, às vezes demora para modificar certas mentalidades formadas na Terra.

Estiveram pensando no que eu lhes disse e desejam saber se posso levá-los a uma dessas casas e apresentá-los. Sem problemas: basta segurar minha mão e pousaremos lá num instante.

E vejam, lá estamos nós, caminhando para o jardim cheio de arbustos e crianças. É uma espécie de mistura de piquenique de verão com feriado de escola primária. Ninguém nos dá a mínima bola.

Conduzo Glenn e Helen pelas alamedas até o outro lado do edifício, que pode muito bem passar por uma mansão num bairro residencial chique. Subitamente, estamos no meio de um batalhão de mulheres e pirralhos. Há uma piscina e uma fonte que deságua numa lagoa repleta de patos. (Faz tempo que me curei da minha paranoia com patos telepáticos, acho que gostarão de saber.) Na outra extremidade do gramado veem-se as portas corrediças que, adivinho, revelarão um quarto atulhado de mães e bebês.

Helen não consegue conter o entusiasmo. Minha amiga Grace aparece com um bebê nos braços e, percebendo qual é a minha missão, coloca-o no colo de Helen. Grace e eu afastamo-nos um pouco, fingindo ter algo a fazer. Em breve Glenn está enxugando as lágrimas da amada e segurando ele próprio o bebê, enquanto Helen cai nos braços de Grace.

Vocês adivinham o resto, é claro. Mas lembrem-se: esse é apenas um dos muitos cenários possíveis. Assim como na Terra, nada é previsível. Tudo pode acontecer. Os dois podem até mesmo decidir reencarnar como irmão e irmã ou como os clássicos gêmeos inseparáveis. Sim, vocês estão certos: semelhantes escolhas talvez se revelem contraproducentes a longo prazo, mas, quando as almas tomam uma decisão, nenhum conselho as dissuade.

Ninguém dá muita trela aos conselheiros. Diabos, se os guias fossem sempre ouvidos, quase não haveria um mau karma a trabalhar!

Bem, Gordon está aqui agora e não para de falar no que, para ele, foi "a noite anterior". Confessa que não recorda quase nada de manhã, apenas uma sequência de imagens misteriosas de um carro velho caindo num rio lamacento, com alguém paralisado na margem.

Depois vê os jornais, que trazem na primeira página notícias de acidentes. Só isso! Passa o resto do dia pensando no caso e tomando algumas notas, quando tem tempo.

Sem dúvida, agora que está aqui comigo, a história é diferente. Ele percebe que não fez nada de útil. Consolo-o dizendo que não se saiu tão mal assim em seu primeiro grande desafio. Com os nervos mais fortes, fará melhor da próxima vez. Pergunta-me como posso ser tão despreocupado. Respondo que já vi tudo isso antes. Não sou nem um pouco diferente dos outros ajudantes astrais e sei que as catástrofes não passam de transições em massa ao ar livre. As pessoas vão aonde têm de ir.

Isso parece sossegá-lo e ele indaga sobre o projeto de hoje à noite. Em primeiro lugar, envolvo-o numa espécie de escudo vibracional protetor, para que ele permaneça mais ou menos consciente do que se passa. Em seguida, meditamos durante algum tempo, a fim de nos sintonizarmos ao máximo com a alta vibração que teremos de penetrar. Depois, partimos.

Subimos de mãos dadas e eu não paro de transmitir-lhe uma energia de natureza altamente refinada para que ele suporte a intensidade do choque. Há o risco constante de que Gordon apague após uma overdose de êxtase, ficando eu não apenas como responsável, mas também como testemunha única encarregada da tarefa nada invejável de canalizar a experiência a seu eu encarnado, mais tarde.

A recompensa será dupla. Em primeiro lugar, Gordon entenderá por que todas as suas vidas estão indissoluvelmente ligadas não só umas com as outras, mas também com a evolução do próprio planeta e as criaturas nele existentes. Em segundo, terá a oportunidade de comunicar essa constatação a um público amplo.

E quem organizará essa mostra?, ouço você perguntar. Bem, minha impressão — geralmente confiável, mas não infalível, é claro — é que nossos eus superiores, aqueles adoráveis bulbos translúcidos já descritos, morando como moram no nível energético imediatamente inferior ao de Deus e dotados, assim, de poderes quase ilimitados, constituem a motivação por trás da mostra.

Suponha vinte televisores de tela gigante suspensos à sua frente em duas fileiras. Imagine-se agora numa poltrona fabulosamente confortável, com um pequeno painel de controle ao alcance dos seus dedos, que você de algum modo sabe manejar. Você já esteve aqui antes? O local lhe parece familiar?

Você aperta um botão e todas as telas se enchem de vida. Você fica, como Gordon, fascinado. Observo-o enquanto ele observa, para que não venha a esquecer metade do que vê. Fã de cinema que fui na Terra, percebo que ele está gostando do espetáculo. Decerto, teve mais de vinte vidas, mas essas são decisivas. As inutilmente repetidas ou que apenas gastaram o tempo são deixadas de lado.

A começar da esquerda, embaixo, ele nota um bebê envolto em pele de animais, dormindo ao lado de uma fogueira dentro de uma caverna. As chamas arrefecem e se apagam. O bebê desperta e chora. Parece que não há ninguém por perto.

À direita surge a imagem de um homem de meia-idade, também envolto em pele de animais. Na margem de um rio, parece fisgar peixes. Quando volta para casa com o que apanhou, crianças pulam à sua volta e a mulher acende o fogo.

Em seguida, vemos o que parecem ser dois irmãos construindo uma casa com grandes pedras arrancadas de um campo próximo. A paisagem quase não tem árvores e em definitivo não se situa na região equatorial. Enquanto prosseguem seu trabalho aparentemente sem fim de quebrar pedras, a próxima cena mostra uma briga doméstica.

Em volta de uma mesa rústica de cozinha, dois homens gritam e gesticulam. Os móveis e as roupas sugerem a América de meados do século XIX. Prestando atenção ao diálogo, concluímos: sim, a época é anterior à Guerra Civil. Assunto: a escravidão. Crianças pequenas se encolhem a um canto. Inicia-se um corpo-a-corpo, logo interrompido por uma mulher que empunha uma espingarda. A tragédia parece inevitável. A disputa pela arma provoca a morte de uma das crianças amedrontadas. Fixamos as outras três telas e vemos: (a) a criança solitária devorada por lobos; (b) o feliz pescador rodeado de crianças adormecidas e fazendo amor alegremente com a esposa; e (c) os dois irmãos no leito de morte, afetados por alguma doença.

Gordon, de vez em quando, me olha sorrindo. Retribuo a gentileza, feliz por ver que ele está levando tudo numa boa. A tela da esquerda, no alto, até então escura, entra em movimento — se se pode chamar de movimento a uma freira curvada em prece. Ao lado dela, uma enfermeira atende, à luz de velas, alguns soldados feridos. À direita, percebemos uma bela garota sendo estuprada diante de um prédio às escuras. Súbito, ela fere o agressor com uma faca que trazia escondida. Depois, vemos uma senhora aristocrática recebendo seu galã no que só pode ser chamado, por sua suntuosidade, de *boudoir*. Como numa tragédia barata, o marido entra de repente e, enquanto golpeia o amante nu, descobrimos que é, nem mais nem menos, o estuprador da cena anterior. Voltamos à enfermeira, que jaz no leito orando pela paz. A freira está mergulhada em silenciosa meditação numa cela escura onde cessa toda atividade mundana.

Outra mulher, numa cabana arruinada, morre de parto enquanto os dois outros filhos olham em desespero. Viverão com uma tia, ao sabor do seu temperamento descontrolado. Adolescentes, escaparão da megera apenas para morrer de peste. Na tela da direita vemos um casal feliz, aparentemente tecelões, degustando uma ceia simples com os filhos tagarelas, depois do trabalho. Inglaterra antes da Revolução Industrial.

A fim de simular a natureza simultânea dessas encarnações, as telas mostram suas narrativas em câmera acelerada. Vemos um garoto bem-vestido deitado na relva à margem de um regato, obviamente perdido em devaneios. Uma mulher na cerimônia de seu casamento, cercada de pessoas em boa situação financeira, satisfeitas consigo mesmas e aparentando pertencer à classe média comercial. Vemos essa mulher de novo mais tarde, no começo da gravidez, tomando lições de cravo. Outra mulher, de cabelos revoltos e ar tresloucado, pintando pequenas telas numa espécie de sótão exposto aos ventos, sob um céu escuro. Outra organiza livros na prateleira de uma grande biblioteca. Outra, nascida ou caída na pobreza, entrega-se a estranhos em ruelas imundas, por alguns centavos. O que pode fazer a baixa autoestima!

De volta à fileira de baixo, vemos dois guerreiros, um no ápice da força, trucidando inimigos com a maior facilidade, o outro, jovem e obstinado, sendo atingido no peito por uma flecha, aos 20 anos.

Junto a essa dupla, dois intelectuais sedentários. O primeiro parece um missionário lendo a Bíblia; o segundo lembra mais um filósofo debatendo com cavalheiros do seu círculo, ao jantar. O homem de Deus se defende numa espécie de tribunal eclesiástico, sem êxito. Quaisquer que sejam as questões ali tratadas, importam-lhe muito e ele volta para casa rompido de vez com a igreja. O filósofo morre velho, satisfeito, abençoando a todos com sua bondade inata.

Na linhagem feminina aparecem duas cenas de mulheres infelizes. Uma está sentada no quarto de um castelo, com paredes de pedra e reposteiros espessos, em adiantado estado de gravidez e muito solitária. A outra, postada na praia, de xale aos ombros, contempla o horizonte. Uma é rica; a outra, pobre — mas ambas estão aprendendo que a solidão ignora as classes sociais. Uma só tem um sogro exigente, que acha que um estupro semanal é seu dever e o consolo da nora; a outra não tem pai e, nesse tempo de guerra, convive apenas com velhotas. Ambas recorrem ao amparo dos filhos pequenos, cultivando obsessões arraigadas que atrapalham o progresso de qualquer um.

Gordon parece estar gostando de tudo, como um fanático por cinema que de fato é. Francamente, isso me irrita um pouco, pois a despeito de minhas aventuras aqui, aí e em toda parte, estou diante de algo que nunca experimentei antes com tamanha intensidade. Sei que vocês estão perplexos: como pode tal coisa suceder a um sujeito calejado como eu? Gordon também está perplexo. Não consegue entender por que não me mostro ansioso para também vivenciar isso. Explico-lhe que as coisas são assim por aqui: muito trabalho a fazer e poucos corpos a ocupar para fazê-lo.

Enquanto registro esses pensamentos, percebo que Gordon vai se apagando: o estímulo foi demais. Levo-o de volta ao meu pedaço e estendo-o sob o salgueiro, onde ele voltará a si no devido tempo. Deito-me também para ouvir os pássaros. Mas logo começo a pensar em Reid e Fiona, decidindo por fim ir até o nível deles e dar uma espiadela. A amiga de Fiona, Deborah, sorri à minha aproximação. Adivinhe aonde eles foram? À Riviera! Sacudo a cabeça. Esse Reid é mesmo um mulherengo; como pode Fiona cair em sua lábia? Deborah e eu rimos com vontade e me despeço.

Gordon parece estar acordando. Um pouco grogue e surpreso, diz: "Incrível, cara! Fui todas aquelas pessoas e nenhuma teve grande importância! Depois de tanto sofrimento e angústia, ainda devo prosseguir? É demais para mim."

Sugiro que ele se divida em três ou quatro personalidades e reencarne na mesma época em diferentes países. Depois de morrer desta vez, é claro. Não vamos apressar as coisas.

Felizmente, Gordon consegue ver o lado engraçado do problema. Pergunto-lhe como se sente agora: "Como um cego que recupera a visão, como um planeta que se repovoa, como uma dimensão que adquire fragrância."

"Como uma dimensão que adquire fragrância? Isso é um pouco exagerado até para você", observo. Estou sempre importunando-o por causa dos seus escritos, que ele leva demasiadamente a sério. Garante-me que tudo ficará ótimo no papel.

Discutimos a possibilidade de ele se lembrar dos acontecimentos da noite de maneira suficientemente clara para registrá-los em detalhe. Assegura-me que tentará. Todas as vezes, ou quase todas, esquece nove décimos do total e precisarei projetar as imagens daqui, para seu apartamento, a fim de que ele possa captá-las nos próximos meses.

Mas não devo me queixar. A ideia foi minha.

Epílogo

Ao longo dos séculos, místicos, ocultistas, magos, rosa-cruzes, teósofos, sufis, xamãs — praticamente quem quer que você decida incluir na categoria dos estudiosos do esoterismo — elaboraram uma enorme variedade de mapas e coordenadas para descrever sua experiência nos mundos além do corpo. E, exceto nos dois últimos séculos, a Grande Religião fez de tudo para que eles trabalhassem como sociedades secretas. Por isso, seus vários jargões constituíam um ótimo meio de evitar a perseguição: os códigos cifrados mantinham-nos à parte, embora não exatamente a salvo.

Cresci estudando espiritismo e teosofia, de modo que termos como plano astral, plano mental e plano búdico significam muito para mim. E, embora palavras como chakra, etérico, astral e antahkarana me sejam familiares, sei que outras pessoas as ignoram por completo. Chega-se a isso por vários caminhos. Hoje, deparamo-nos com uma quantidade indefinida de termos inventados por mestres mais modernos.

Robert Monroe, principalmente, acha irritante a excessiva subserviência à tradição e inventou um sistema de níveis de enfoque. Seus anos de pesquisas mostraram-lhe que os graus de consciência podem ser divididos em pelo menos 27 níveis de enfoque; os níveis de um a 21 são físicos, os de 21 em diante são não físicos. Ele fundou o Monroe Institute na Virgínia e tanta gente passou por lá que seu sistema de níveis de enfoque parece ter assumido vida própria. (Grosso modo, o astral inferior equivale aos enfoques 23 e 24; o astral médio, aos enfoques 25 e 26; e o astral superior/mental inferior, ao enfoque 27.)

Muitos estudiosos, cientes da óbvia utilidade e eficácia de suas fitas Hemi-Sync para acompanhar as mudanças de consciência, parecem às vezes não perceber que a Vida Antes de Monroe incluía, de fato, retomadas e explorações sob outros nomes. A obra do teósofo Charles Leadbeater, *Invisible Helpers** (1896), contém vários exemplos de resgates em experiências fora do corpo e de socorro astral muito semelhantes aos descritos por Robert Monroe e Bruce Moen. Lorde Hugh Dowding, comandante da Real Força Aérea durante a Segunda Guerra Mundial, chefiava com sua esposa e alguns amigos um círculo espírita de resgate, recuperando almas perdidas da área que Monroe chamaria de enfoque 23. Os relatos do seu livro *Lychgate* (1945) lembram muitos dos resgates que eu e outros realizamos na Guerra do Iraque de 2003. Com isso em mente, quer me parecer que estamos reforçando uma tradição e não criando uma nova.

Cada nível do plano espiritual é definido pelos medos e desejos dos habitantes. Estes vão passando para os níveis seguintes à medida que perdem seus desejos e medos. Em alguns lugares, não ligam para Deus; em outros, irritam-se com Ele; ou querem saber mais sobre o conceito de divindade; ou gostam de discutir o assunto; ou permanecem acordados, à espera do Dia do Juízo; ou indagam onde, diabos, se encontram Seus representantes; ou, enfim, amam desesperadamente e louvam interminavelmente a Deus. Há muitos níveis depois desses, mas descrevê-los nesta fase inicial seria contraproducente. Digamos apenas que lembram pequeninas esferas de luz.

Segundo minha experiência, cada plano se confunde imperceptivelmente com o próximo e existem tantos subplanos que não valeria a pena contar. Você pode, de igual modo, perguntar quantas igrejas existem na Terra: um montão, é claro, e todas com uma perspectiva teológica um pouco diferente. O importante é aprender que não convém ficarmos paralisados, nem por nossos medos e desejos nem por regras impostas, mas continuar a jornada sem preconceitos ou empecilhos. Henry sabe disso e, felizmente, este livro ajudará você a saber também.

---

* *Auxiliares Invisíveis*, publicado pela Editora Pensamento, SP, 1964. (fora de catálogo)